毓藏
百年名校教育文物考略

姜国富 著

中国人民大学出版社
·北京·

图书在版编目（CIP）数据

毓藏：百年名校教育文物考略 / 姜国富著. — 北京：中国人民大学出版社，2023.3
ISBN 978-7-300-31447-1

Ⅰ.①毓… Ⅱ.①姜… Ⅲ.①历史文物-收藏-吉林市 Ⅳ.①G262

中国国家版本馆CIP数据核字（2023）第029994号

毓藏：百年名校教育文物考略
姜国富 著
Yucang: Bainian Mingxiao Jiaoyu Wenwu Kaolüe

出版发行	中国人民大学出版社		
社　　址	北京中关村大街31号	邮政编码	100080
电　　话	010-62511242（总编室）	010-62511770（质管部）	
	010-82501766（邮购部）	010-62514148（门市部）	
	010-62515195（发行公司）	010-62515275（盗版举报）	
网　　址	http://www.crup.com.cn		
经　　销	新华书店		
印　　刷	北京瑞禾彩色印刷有限公司		
规　　格	170mm×230mm　16开本	版　次	2023年3月第1版
印　　张	14.25 插页 1	印　次	2023年3月第1次印刷
字　　数	189 000	定　价	128.00元

版权所有　　侵权必究　　印装差错　　负责调换

代　序
刘彭芝

　　《毓藏：百年名校教育文物考略》是吉林省吉林市毓文中学姜国富校长很有创意的一部新作。作者以具有百年文化传承的吉林毓文中学为切入点，以时间为经、文化为纬，对学校遗存下来的500多件教育文物进行了分类、概括和初步考证，对其成因、来源、价值、意义等进行了重点论述。此书是我国第一部研究、探讨百年中学遗存教育文物的学术著作，可以说填补了我国基础教育领域遗存教育文物研究的历史空白。

　　教育文物是教育发展过程中保存、传承下来的具有教育价值、历史价值、艺术价值以及学术价值的物质文化遗产。如何充分挖掘、整理、传承好这些文化遗产，为新时代教育事业的发展在理论与实践中提供借鉴、依据和参考，对助力实现教育立德树人的根本目标意义重大。目前，基础教育领域在如何利用校园遗存教育文物对学生进行立德树人教育的研究尚处于起步阶段，姜国富校长的新作无疑是具有开创性意义的探索。

　　姜校长之所以能完成这部著作，我认为有以下两方面的原因：首先得益于得天独厚的客观因素。毓文中学这所创建于1917年的学校，自建校以来校址从未变迁，是国内少有的自建校伊始一直延续至今且使用原始校名的百年老校，很多珍贵的历史文物因此得以留存。

　　其次，在于姜校长的教育情怀，在于他传承学校文化基因的强烈使命感和文化自觉。正如他在书中所言："毓文不只是一所百年名校，它更是一部吉林的近代史、文化史、教育史、革命史和奋斗史。……我该用一种什么样的方式去守护它、解读它、传承它？"正是基于这样的思考，他不断挖掘毓文的文化资源，整理毓文的历史信息，梳理毓文背后的成长脉络。在一次次与毓文先贤们的精神共鸣、隔空对话中，他认识到，毓文百年文化能够传承至今，根本的原因就在于它厚重的文化基因、浓烈的家国情怀和始终善于独立思考的精神特质。这种精神特质的物质呈现，就是这所百年老校遗存的500多件馆藏文物。在姜校长的笔下，这些文物成为刻满历史沧桑和时代印记的物化的历史，成为生动直观的爱国主义教育教材，成为传承中华优秀文化的载体。

我在2004年出版的专著《人生为一大事来》中阐述过一个观点：找准学校的发展定位，需要两个眼光，一个是世界的眼光，一个是历史的眼光。历史的眼光是知己，世界的眼光是知彼；历史的眼光发现经度，世界的眼光发现纬度。只有知己知彼，经纬交织，我们才能有开放的胸襟和广阔的视野，否则，就会找不到感觉，就会被时代大潮淘汰。

姜国富校长就任以来，在承担学校繁重的管理工作之余，一直致力于研究学校文化的嬗变与重建。他运用历史的眼光，为教育文物"寻根问源"，为教育历史"求据作证"，且能够以"毓文"为点，发力于一隅，而后以点带面，使教育文物研究的星星之火渐呈燎原之势。同时，在传承百年文化传统、建设高品质学校方面，他也进行了独特的思考和一系列效果颇佳的大胆实践，两次获得省级嘉奖。相信姜校长的研究与实践必将为中华优秀传统文化的复兴与教育事业的兴旺发达增光添彩。

本书名为"毓藏"，藏有收存、储藏之义。《汉书·食货志》有云："春耕夏耘，秋获冬藏。"从春试到秋闱，日复一日，年复一年的教育耕耘，都收藏于时光的年轮之中。如今我们审视这些瓷杂、手稿、古籍、徽章、牌匾、教具等教育器物，可以漫溯教育历史，透视教育演化，探微教育智慧，传承毓文乃至东北地区百年来的教育流光。且"藏"字兼有宝藏之义，教育文物本就是文化遗产，是育人文化的"宝藏"，收藏、研究教育文物对于继承优良教育传统、传承中华教育文脉，价值不菲，意义非凡。

　　馆藏以蕴璞，付梓以弘道。望此书之成可使教育文物走进大众视野，讲述更多教育故事，传承中华优秀文化、涵养文化自信，濡染教育的春秋风华。

　　毓藏之功，善莫大焉。

　　谨为序。

2023 年 3 月 3 日于北京

目　录

引言 01

第一章　毓文中学成立过程
第一节　历史背景 12
第二节　建成始末 16

第二章　遗存文物成因与藏品来源、时限
第一节　遗存文物的历史成因 20
第二节　遗存文物来源 30
第三节　文物收藏时限 31

第三章　藏品种类
第一节　瓷器 34
第二节　铜器 39
第三节　木器 41
第四节　珐琅器 47
第五节　织绣 49
第六节　玻璃器 52

第七节	武器	53
第八节	古籍善本	55
第九节	老照片	63
第十节	印章	65
第十一节	玉器	70
第十二节	徽章	76
第十三节	绘画	80
第十四节	雕塑	85
第十五节	动物标本	98
第十六节	乐器	103

第四章　遗存文物的价值

第一节	教育价值	144
第二节	历史价值	146
第三节	艺术价值	147
第四节	学术价值	148

附录	毓文藏品赏鉴	149
参考文献		214
后记		220

引　言

中央电视台于2017年12月播出文博探索节目《国家宝藏》，创下了同类节目收看人数最多、社会效果最好的收视纪录。节目运用了纪录片、综合艺术两种创作手法，内蓄文化，外显综艺，以全新的文物艺术表达方式展现中华文明，同时充分展现电视纪录片的特质，受到了广大青少年的普遍喜爱。与其合作的故宫博物院、上海博物馆、南京博物院、湖南博物院、河南博物院、陕西历史博物馆、湖北省博物馆、浙江省博物馆、辽宁省博物馆等九家博物馆以馆藏文物诉说中华文物背后的历史与变迁。

这九家博物馆所珍藏的一件件精美绝伦的文物，让观众大开眼界。再加上馆长（院长）们的精彩点评和所讲述的与之相关的故事，更是拉近了现代社会与历史过往的距离，形成了人们心中的文化认同和民族自信，亦为我们广大教育工作者提供了新的教育方式的创新借鉴。文物承载了厚重的历史与文化，彰显着古人的聪明与才智。让一件件收藏于博物馆中的文物鲜活起来，让它们走上展台，走下"神坛"，走进广大青少年的脑海和记忆，并转化为传承中华五千多年文明的动力和源泉，是我们广大教育工作者的责任和使命。

相对于利用电视节目传承古代文明的教育方式而言，我们教育工作者对校园遗存文物的研究是不够的，特别是如何充分利用校园遗存文物更好地对学生实施立德树人教育的研究更为薄弱。造成这一状况的原因是多方面的，可能是这一领域可以直接运用于研究的材料有限，抑或是缺乏必要的研究方法、角度和可供研究的校园文物。但无论如何，这一领域的研究对于进一步办好让人民满意的教育，传承、发扬好中华优秀传统文化是非常必要的。特别是像吉林毓文中学这样拥有百余年文化传承的著名中学，充分整理、挖掘、发挥好其历史遗存，并将它们更好地转化为中华文明的优秀基因和中华优秀文化传承的载体，让一件件存留于校园内的教育文物展现出它们的教育价值、历史价值、艺术价值和学术价值，将助力党和国家立德树人教育事业的发展。

　　首先，校园遗存文物的研究可以填补中国教育史的某些空白。目前，我国文物考古工作方兴未艾，国家对文物考古工作高度重视。习近平总书记强调：文物承载灿烂文明，传承历史文化，维系民族精神，是老祖宗留给我们的宝贵遗产，是加强社会主义精神文明建设的深厚滋

❶ 吉林毓文中学

❷ 吉林毓文中学门前三道码头

养①。保护文物功在当代、利在千秋。2022年7月22日，在全国文物工作会议上，中共中央政治局常委、中央书记处书记王沪宁也指出：要坚持保护第一、加强管理、挖掘价值、有效利用、让文物活起来，全面提升文物保护利用和文化遗产保护传承水平。文物保护和文化遗产传承可以增强人们的历史自觉和文化自信，是建设社会主义文化强国、实现中华民族伟大复兴中国梦的文化载体。

"文物"一词早期是指"文物典章制度"，始见于《左传·桓公二年》："夫德，俭而有度，登降有数，文、物以纪之，声、明以发之，以临照百官，百官于是乎戒惧，而不敢易纪律。"新中国成立后，"文物"的定义有了新变化，一般泛指人类在历史发展过程中遗留下来的遗物和遗迹。相对于文物考古工作而言，我国关于校园遗存文物的研究工作尚属空白，而其作为中国教育历史的重要组成部分，传承、挖掘和整理好

---

① 中共中央文献研究室.习近平关于社会主义文化建设论述摘编.北京：中央文献出版社，2017：190.

引言

❸ 东北抗联博物馆吉林毓文馆

  校园遗存文物不仅可以丰富文物考古工作，而且对于补充、完善和佐证中国教育的历史，研究中国教育文化，为中国教育历史提供学术和物质支持等都具有重要意义。

  其次，校园遗存文物的收集、整理、鉴别、研究可以弥补文物考证不足和历史认知缺陷。文物研究工作的总体任务是从不同视角探究一定历史时期的社会政治、经济、思想等的发展状况，阐述人类社会的发展过程和规律，从而有利于开展历史唯物主义和辩证唯物主义、爱国主义和革命传统的教育。校园遗存文物的整理、研究与教育息息相关，它几乎包含了整个教育工作的全过程。教育文物包括：教育建筑、教育遗迹、教育书籍和文件等相关物品，与学校相关的重要教育人物或与教育事件相关的有价值的历史遗迹、遗物等，不同历史时期遗留下来的有价值的艺术作品，教育制度、文化、活动、生活等方面具有代表意义的实物载体[①]。

---

① 王璐璐.教育文化遗产概念、特点及价值分析.高教探索，2017（19）.

❹ 毓文中学校史馆

  这些教育文物是广义文物的重要组成部分，同时又具有独特的教育价值和文物价值，可以有效扩充文物考古工作的种类、范围、内容。

  再次，校园遗存文物的研究对于探索文物与教育的关系、助力立德树人根本任务效果显著。校园遗存文物是中国整部教育历史的缩影，是历代教育人智慧的结晶，是整个教育过程的写照，是教育工作的物质产物，同时又能反作用于教育工作。为更好地挖掘、整理、保护和传承吉林毓文中学珍贵的文物资源，充分发挥其对广大青少年的爱国主义教育和革命传统教育，按照中共中央办公厅、国务院办公厅《关于实施中华优秀传统文化传承发展工程的意见》的精神，毓文中学先后成立了"东北抗联博物馆吉林毓文馆""毓文中学校史馆""关东书画院""名人读书纪念室"等可以有效实施优秀传统文化传承发展工作的展馆，分区、分时展示毓文中学建校百余年来所收藏的500多件各级各类教育文物。

  这些坐落于校园内的博物馆不仅有利于对广大师生实施爱国主义和

❺ 吉林毓文中学旧址（摄于1954年）

历史传统文化教育，而且也可以作为进行社会教育的理论研究和实践场所，展现、记录、探索教育系统专门博物馆的历史、功能演进、机制运营和社会关系。

最后，校园遗存文物的研究对于更好地保护和传承好优秀传统文化意义重大。中共中央办公厅、国务院办公厅《关于实施中华优秀传统文化传承发展工程的意见》提出的重要任务之一就是要使优秀的传统文化传承发展工作"贯穿国民教育的始终"，所有学校都要解决优秀传统文化以何种方式进校园、进课程、进教材的问题[1]。

吉林毓文中学始建于1917年，是一所拥有百余年文化传承的学校。特别是毓文中学自建校以来，虽历经风雨、几度变迁，但校址未变（松江中路101号），完整保留了学校建校初期的建筑格局和相关文物资源。该校也是省内唯一、国内少有的自建校伊始一直延续至今且承用原始校名没有变迁的百年老校。

翻开吉林的教育史，年逾百岁的学校屈指可数，以吉林市为例，拥

---

[1] http://www.gov.cn/zhengce/2017-01/25/content_5163472.htm.

有百年建校历史的只有吉林市船营区第二十五小学（1878年）、吉林市第一实验小学（1908年）、船营区第四小学（清朝末年）、吉林市第五中学（1907年）、吉林一中（1907年）、原吉林师范学院（1906年）、吉林毓文中学（1917年）等七所学校。而其他六所学校受时代环境、社会发展、自身建设等多种外在、内在条件的影响均几经变迁，学校原有的名字、面貌及建筑形式、格局等早已不复存在，唯独吉林毓文中学一直静静地矗立于北山脚下、松花江畔，见证着吉林乌拉这座沿江城市的兴衰与荣辱。

毓文中学收藏的教育文物门类全、范围广，包括瓷器、铜器、木器、珐琅器、织绣、玻璃器、武器、古籍善本、老照片、印章、玉器、徽章、绘画、雕塑、动物标本、乐器、古建筑等品类，是传承优秀传统文化最宝贵的教育资源和文化资源。它们的收藏时限从1917年开始，几乎伴随着毓文中学百余年教育过程的始终。这些文物不仅是精美的艺术品，更是一种教育资源，每一件文物都有说不尽的故事、道不完的情感，它们是先民智慧的集成，是民族文化的代表、历史的见证、文化的象征，更是吉林毓文中学百余年办学成果的名片和底片。

本书的主要目的在于初步梳理吉林毓文中学500多件遗存教育文物的收藏时限、主要来源、材质结构、藏品特色和发展脉络，从而揭示这些遗存文物与社会政治、经济、文化、科学、宗教信仰、教育状况等的互动关系。从研究对象上来说本书是对物的研究，但本书又没有单纯地停留在物的层面，而是将其纳入吉林毓文中学建校百余年的历史背景中加以分析。本书分为四章及附录：第一章主要介绍毓文中学成立过程，第二章主要介绍遗存文物成因与藏品来源、时限，第三章将藏品分为瓷器、铜器、木器、珐琅器、织绣等十六类展开详细介绍，第四章介绍遗存文物的教育价值、历史价值、艺术价值和学术价值，附录部分主要介绍了毓文中学所藏文物的名称、材质、尺寸等主要信息。正文与附录相互联系、不可分割，前者是后者的立论基础和理论解读，后者是前者的状态展现和物质呈现。

❻ 明代扬琴

毓藏 百年名校教育文物考略

　　由于毓文中学遗存文物的种类十分繁杂，且有很多与文物相关的资料早已缺失，因此笔者在研究、考证这些遗存文物时先后采用了分类法①、排比法②、历史分析法③、逻辑分析法等研究方法④。另外，在研究馆藏明代扬琴时笔者还运用了年代测定法，即运用现代科学技术测定文物年代，既测定了文物所属的年代，又分析和鉴定了文物的成分。

　　笔者认为，本书只是对吉林毓文中学办学百余年来所遗存的500多件教育文物做了简单的梳理和研究，还不能够称其为一本完全意义上的

---

　　①　分类法指把毓文中学各种不同的文物根据一定的标准分成不同的类群，从而找出教育文物之间的差异和共同点，获得规律性的认识，进而研究和认识不同种类文物的产生、发展或消亡的轨迹。

　　②　排比法指对同一种类文物进行排队比较，以认识和掌握文物之间的差异和联系，同时遵循同类同种文物才能排比的原则。

　　③　历史分析法指把这500多件教育文物作为运动的特定历史发展过程中的产物，分析其产生的历史条件、产生的过程和产生的必然性，进而从不同的方面揭示和认识历史发展的过程。

　　④　在排比文物的基础上，形成概念，进行判断和推理，并通过概念、判断和推理，提示文物的本质和规律，使丰富而纷繁的教育文物材料上升为理论的认识，构成逻辑体系。

"学术专著"。毓文中学所收藏的这些文物如果放在中国整个文物体系中去考量的话实在不算什么，但作为一所中学能有如此多的藏品，且种类又如此丰富，实属不易。囿于笔者的知识，对如此包罗万象的校园遗存文物进行系统研究实在感到力不从心，特别是在目前我国关于校园文物的研究才刚刚起步，相关的文献资料又凤毛麟角的情况下。陈寅恪先生在《冯友兰〈中国哲学史〉上册审查报告》一文中曾经指出："吾人今日可依之材料，仅为当时所遗存最小之一部，欲藉此残余断片，以窥测其全部结构，必须备艺术家欣赏古代绘画雕刻之眼光及精神，然后古人立说用意与对象，始可以真了解。"

对于毓文中学馆藏的这些文物来说，"残余断片"性更为突出，因此，笔者尽可能地将这些文物的原貌展现出来，并力求做到图文并茂。另外，笔者系基础教育工作者，面对的主要对象为广大师生、家长，因此本书在论述和叙述过程中力求做到简洁、明了，并尽可能地以广大青少年学生所喜闻乐见的方式呈现。

上述既是本书研究的主要内容，也是研究的基本思路。总体来看，本书研究目的的设定是建立在毓文中学馆藏的遗存文物基础之上的，因此有较为充分的展示、研究过程和相关的历史资料、佐证实物来支撑本书的论证过程，即"以物证史"。

吉林毓文中学诞生于民国初期，当时军阀当政，政治混乱，中国仍受列强欺凌、宰割。受新文化运动精神之影响，为达"教育救国"之目的，私立吉林毓文中学建立。历经时代沧桑，它与中华民族同荣辱、共征程。自建校之初到日本侵华时期，先进毓文人教育救国、自觉担当、勇赴国难、拯救时局，凸显爱国主义精神。毓文中学校史及校藏文物既是家乡吉林地方发展史的缩影，也是中国近代革命史的见证者。

通过文字、图片、雕塑、印章等形式保留下来的物质遗存，有助于当代毓文人了解毓文中学建校的由来，理解毓文建校的背景，并将其置于时代背景下，与新文化运动、军阀的政治统治、民族资本主义经济的发展等历史相连；有助于了解马骏播撒火种、声援五卅运动及尚钺与外国友人共探国家前途命运的史实；有助于了解毓文学子纪儒林、陈翰章等人的东北抗联事迹，体会东北抗联精神。马骏用自己的生命捍卫国家、探索救国的道路，用爱国主义精神铺就共产主义的壮丽事业。其对党和人民无比忠诚的高尚情怀和革命中的坚定信念与牺牲精神，在今天仍然具有极为深刻的启迪意义。金日成与尚钺先生课上课下一起研讨文学作品、共探革命前途，传播进步思想，是中朝人民友好情谊的见证。东北抗联志士赵尚志、纪儒林、陈翰章等都是毓文学子，东北抗联将士在血与火的磨砺中，铸就了以"勇赴国难、自觉担当、顽强苦斗、舍生取义、团结御侮"[1]为主要内涵的东北抗联精神。通过革命英雄人物铜像追忆革命英雄革命事迹，引导毓文学生铭记历史，努力传承东北抗联精神。

  毓文校史及馆藏文物见证了一代代毓文人拼搏向上，勇攀高峰，为中国革命事业而奋斗的历程。馆藏文物教育在传承传统、文化与价值认同、信念培树、情感陶冶等方面具有难以替代的育人功能。馆藏文物能够用深厚的历史与文化激励学生，帮助学生认识自己、历史与环境，将历史认知与现实成长和未来规划结合起来，成长为更好的自己；增强学生对学校、对社会的归属感和认同感，起到凝心聚力的作用。文物是学校历史文化和精神文化的物质载体，也是学校文化的重要组成部分，能够构建学校独特的文化、精神氛围和"以美养德、以美启智、以美健体、以美促劳、以美构境"的"五维美育"教育环境，并形成潜移默化的教育力量，帮助学生健全人格、养成良好品质。学校文物能够引导学生传承民族精神和红色基因，提升素养、激励担当，帮助学生将个人的追求、理想同国家发展联系在一起，投身于伟大的新时代。凝聚青年力量，培育民族精神，希冀当代毓文学子做到不忘历史、不忘初心，知史爱校、知史爱国。

---

[1] 何伟志.东北抗联精神的价值意蕴.党史文汇，2020（2）.

第一章 毓文中学成立过程

第一节　历史背景

吉林又名吉林乌拉，满语意为"沿江的城市"。清末时，吉林为满族聚居地，文化、教育较为落后。当时，吉林只有专收满族贵族子弟的官学、书院以及私塾，官学有左翼官学、右翼官学、蒙古官学，书院有白山书院和崇文书院，私塾有开办较为随意的散馆和专馆，但其教学内

❶ 1940年的吉林市街

容陈旧，要求不高①。吉林城内官方资助的义学有五所：东关、西关、南关、北关及河南街各一所。20世纪初，随着清政府推行"新政"，近代新式教育在吉林兴起。1904年，吉林以崇文书院为基础设立"学务处"，书院总办为吉林贤达松毓先生②。至此，教育行政机构开始与学校职能分离，吉林教育走向独立。

民国时期，吉林省教育厅积极改良旧式教育，发展新式学堂，改革教育体制。1913年教育厅颁布《划一各属改良私塾暂行办法》《塾师传习所教科用书规程办法》等法规。此外，教育厅还"明确教育目的，确立新式教育为充实人民生活、扶植社会生存、发展国民生计、延续民族生命为目的，务期民族独立，民权普及、民生发展，以促进世界大同"③。但吉林省的教育近代化水平无论是在规模上还是质量上与关内相比都有很大差距，因此吉林省学生赴关内学习也是这一时期的常见现象。吉林毓文中学在中国近代化的过程中、在"教育救国"的浪潮里、在东北与内地教育的交流中应运而生。

❷ 松毓先生

吉林教育落后，而关内一些新式学校迅速发展、享有盛誉，所以部分吉林学子赴关内学习，而距离吉林相对较近的京津地区往往是吉林学

---

① 侯雁飞.清末吉林教育述略.吉林师范学院学报，1995（2）：26-27.
② 松毓（1863—1929），吉林省吉林市人。满族镶蓝旗，赫舍里氏，字秀涛，清末秀才，著名书法家。曾组建吉林自治会，成立吉林省商业总会，领导吉林保路运动，兴办实业，创办近代报刊和新式学校。积极支持毓文中学筹建，并提供大笔经费，担任学校董事。
③ 陈长春，孙青.从馆藏档案看民国时期吉林教育的发展.兰台内外，2013（5）.

子的首选。清末"新政"时期，张伯苓①先生与严范孙先生在天津创立南开中学堂②，并先后于1905年、1908年、1917年三次赴日、美等国考察，授课仿效日本，鼓励"行以求知，学以致用"。南开中学堂考核公正严格、不畏权贵，管理民主规范，倡导学生自主、自理、自立。学校以"允公允能""日新月异"为办学理念积极服务社会，在全国较有影响，到1917年学生已达千人。张先生教育学生学成后要在社会形成辐射作用，所以求学南开的吉林优秀学子韩梓飏③、张云责④、李光汉⑤等人，为泽乡救国毅然回到了吉林。

❸ 韩梓飏先生

---

① 张伯苓（1876—1951），原名寿春，字伯苓，中国著名教育家。他一生致力于"教育救国"，先后创办了南开中学、南开大学、南开女中、南开小学和重庆南开中学，接办四川自贡蜀光中学，形成了著名的南开教育体系，为国家培养了大批英才。私立吉林毓文中学筹建之始，张伯苓先生就利用自己的名望联络各方士绅，筹集经费，成立了私立吉林毓文中学校董事会，亲任名誉董事，与于慕忱先生共同出面呈领官钱局旧址为校址，并首先提出以"毓文"二字作为校名。

② 1904年创立时期称"私立中学堂"，1905年改为"私立第一中学堂"。1907年，改称"私立南开中学堂"。1912年1月19日，中华民国教育部颁发的《普通教育暂行办法》第一条规定"从前各项学堂，均改称为学校"（陈学恂．中国近代教育史教学参考资料：中册．北京：人民教育出版社，1987：1）。1919年9月，张伯苓创办了南开大学，1923年建立女中，1928年建立了南开小学部，1936年在重庆建立南渝中学，南开的系列学校一般被称为南开学校。

③ 韩梓飏（1891—1972），吉林双城县人，毕业于天津南开学校，私立吉林毓文中学创办者。在任期间提出了"我们要在教育上做一个竞赛，我们要努力建设一个富强康乐的国家，使它永久存在这个世界上"的教育目标；制定了"教育科学化、生活知识化、实学实用、建省建国"的办学方针；制定口号"毓文的生活是整体的，毓文的使命是创造的，毓文的生命是永久的"；探索新式学生管理制度——级主任制，鼓励学生自治；

❹ 张云责先生　　　　　　❺ 李光汉先生

引进美国"道尔顿制"的教学模式，实行学分制，分科修业。在学校困难之际，前往京津哈及吉林省公署、教育厅、财政厅和周边地区筹款，为学校添置设备，使学校渐臻完善。后担任省议会副议长、延寿县县长等职。

❹ 张云责（1891—1931），原名张清岱，吉林榆树市人。出身书香门第，入天津南开中学读书，在北京高等师范毕业后与韩梓飔、李光汉等人创办了吉林毓文中学，兼任教务主任和国文教师。首先提出将5月5日定为毓文校庆日，主持创办了《春鸟秋虫》《毓文周刊》《吻爽》等进步刊物，是吉林新文化运动的主将、吉林马列主义思想的主要传播者之一。1928年，张云责投笔从戎，为张学良办《益世报》，担任张学良的秘书，主编军事月刊《军光》。后因反对石友三卖国而被活埋于石家庄，时年仅41岁。

❺ 李光汉（1890—1936），名铭勋，字光汉，吉林榆树县人，吉林省议会议员。曾就读于北京大学，后因病回乡，辅助南开校友韩梓飔等人创建私立吉林毓文中学，与张云责创办《春鸟秋虫》和《毓文周刊》。在其任校长期间，因善除弊、延揽名师，毓文中学成绩斐然，名满关东，被誉为"吉林的小南开"。东北各地学子慕名负笈而来，学校扩建，由初级中学变为完全中学，毓文发展进入鼎盛时期。李先生保护了大量秘密从事革命活动的教师和学生。九一八事变后，留吉不走，坚持办学，还组织成立了"吉林省反满抗日救国会"，并担任会长，后被日本宪兵抓捕迫害，死于狱中。

第一章　毓文中学成立过程

第二节　建成始末

民国初年，吉林省首府为吉林县。1913年，吉林双城县人韩梓飏经学友王葆曾推荐到吉林省立第一中学任教，在闭塞的边陲小城教授英语，并被吉林省立第一中学聘为学监，即教导主任。韩梓飏分析了吉林省的落后现状，指出发展新式教育是吉林省改革落后面貌的重要途径。于是他开始以南开的办学模式为范例改造吉林省立第一中学，增加进步的教学内容，向学生推荐进步书刊，"组织学生开展时事报告会、读书会、讲演会等活动"[①]。这些活动推动了吉林省立第一中学的发展，使其传统保守的学风逐渐转变，不仅学生积极活跃，而且进步教师也深受鼓舞，吉林省立第一中学出现了宣传新思想、传播新文化的新气象。此外韩梓飏还经常与吉林进步知识分子接触、交流。

1915年9月，王揖唐出任吉林巡按使，即吉林省省长。王揖唐思想保守，压制吉林进步力量，并以整顿学校秩序为名开除韩梓飏等20多名进步教师。赋闲在家的韩梓飏在看到《吉长日报》关于创办私立中学的一条消息后，萌生了创办南开式私立中学的想法。1916年4月，韩

---

① 廖维宇. 吉林毓文中学校史. 长春：吉林教育出版社，1997：1.

梓飔与吉林名绅于慕忱①、王荩林②、刘研生、孙萌南③、初鹤皋等人聚会，"谈及教育事业关乎乡邦文化之隆替，且认为欲提高吉林文化水准，非倡办中学不为功"④。最终，大家共同推举韩梓飔先生负责筹建新式学校事宜，并借鉴南开办学模式办学，助力吉林教育变革，振兴吉林。此后，韩梓飔与南开校友张云责、李光汉商讨，三人达成一致。1916年，韩梓飔为创办学校而多方求教。7月恰逢著名教育家、南开学校创立者张伯苓先生受北京基督教会邀请赴西山做关于教育问题的演讲，韩梓飔急忙赶赴北京，向张先生求教创办私立中学之方法，并提出希望获得张先生的帮助。张伯苓先生介绍了自己的办学经验，并指出私立中学可能存在的困难，也具体讲解了解决困难的办法。鉴于韩梓飔在吉林的影响较小，很难动员社会力量支持其办学，张先生答应冬天赴吉林帮助联络各方力量筹备办学。张先生还向所有的南开校友和学生发动一元钱捐款活动。另据吉林毓文中学校友回忆周恩来总理当年作为南开校友也曾为毓文中学建校捐款。

---

① 于慕忱（1871—1926），名源浦，字慕忱，吉林榆树人，私立吉林毓文中学董事长。民国初年，任吉林省议会议长，极力主张教育改革。吉林毓文中学"达材成德"的校训即出自慕忱先生在私立吉林毓文中学开学典礼上的讲话，并沿用至今。1922年，于慕忱先生出任吉林省教育厅厅长。1924年，韩梓飔校长离开毓文后，于先生兼代毓文校长。于先生为振兴吉林教育而积劳成疾，1926年秋不幸病逝于教育厅厅长任上。

② 王荩林（1868—1954），字可耕，清末举人。1914年出任吉林省政务厅厅长，积极支持韩梓飔办学，帮助毓文中学取得了政府经费补助，成为毓文中学创建时期的校董事会董事。他为毓文中学捐献《四库全书备要》和二十四史各一套。1925年，出任吉林省教育厅厅长，对吉林教育进行了大刀阔斧的改革。他兴利除弊，选贤任能，提升学校的管理水平，并组织筹办了吉林大学。

③ 孙树棠（1874—1958），字荫南，吉林中学堂（后改为吉林省立一中）、吉林省立女子师范学校和吉林省图书馆的创立者。曾出任吉林省立女子师范学校创建时期的校董事会董事。1928年末，到吉林教育部门任职后，积极支持筹办吉林大学。1945年抗日战争胜利后，孙树棠积极支持毓文校友会的复校工作，担任毓文复校时期的副董事长，并捐赠大量宝贵图书。曾在毓文中学建校30周年典礼上讲话，并为1947年版毓文校歌作词。

④ 私立吉林毓文中学·五五校庆纪念册.吉林市档案馆，1947：3.

张伯苓先生与于慕忱先生出面向吉林市官产处处长莫德惠①呈领了吉林迎恩门里西官运胡同（后改为翠花胡同）官钱局旧址②为校址。至此，私立吉林毓文中学正式确立校址为西官运胡同官钱局旧址即现在的吉林市松江中路 101 号。同时，为解决学校经费来源不足问题，经韩梓飔等人的努力，省教育厅与财政厅划拨吉林与桦甸交界处之肇大鸡山林场（方圆 40～50 里，生产木材，周边可垦荒）和桦甸与蒙江交界处之万两河子林场（方圆 100 里以上，生产木材）为毓文中学校产，经营收入补贴学校经费。

关于吉林毓文中学校名的由来历来有两种说法：一种为"人名说"，因毓文中学建校的主要出资人松毓的名字中有"毓"字，所以为感谢其慷慨资助，韩梓飔等人将校名定为"毓文"；一种为"风水说"，张伯苓先生与吉林毓文中学首任校长韩梓飔、校董于慕忱等人往观建校之址，张先生见其前临松花江，背依北山，依山傍水，风景秀丽，是一片风水宝地，难掩心中兴奋之情，说道："此地钟灵毓秀，必有孔子所云'郁郁乎文'之势，或可名之为'毓文'，以达文明之志"③，于慕忱先生等人高度赞同，而私立吉林毓文中学因此得名。笔者翻阅了大量的校史资料，并走访请教了吉林文史专家和部分毓文中学早年毕业的校友，大家普遍认同第二种说法，即私立吉林毓文中学的校名由张伯苓先生所起，并一直沿用至今。

---

① 莫德惠（1883—1968），字柳忱，满族，原籍吉林。1906 年考入天津北洋高等巡警学堂。1917 年任吉林市官产处处长时，将官钱局旧址批给毓文中学做校舍。1919 年被聘为毓文中学校董会董事。1926 年 4 月接任奉天财政厅厅长兼代理省长。10 月，正式任奉天省省长。还曾做过南京政府部长和政府委员，为国民党时期东北的元老。1945 年抗日战争胜利后，以国民政府委员身份宣慰东北同胞。受毓文校友邀请来吉，筹划复校事宜，被推举为校董事会董事长。由他指定张潜华为代理校长、张国琛为教务主任，学校由 1945 年 12 月 5 日招收毓文补习班，1946 年又招新生 12 个班，于 3 月 25 日正式开学。

② 《私立吉林毓文中学·五五校庆纪念册》中《私立吉林毓文中学校史》的记录为"迎恩门外迎恩街房屋院落一处"。

③ 廖维宇. 吉林毓文中学校史. 长春：吉林教育出版社，1997：4.

第二章

遗存文物成因与藏品来源、时限

第一节　遗存文物的历史成因

学校遗存文物作为我国广义文物的重要组成部分，在记录历史、传承文明及发挥教育功用上的作用愈加凸显。吉林毓文中学自创立以来，经多年的积累、保护与传承，共保存各类文物500多件，包括极具历史、艺术、科学价值的清代吉林官钱局建筑群，教育碑刻、雕塑、壁画，学校教育实物，与学校有关的具有重要意义的档案、资料、照片，记录学校对外交往的相关文物、资料，近代革命文物等。这些遗存文物形式多样、品类齐全、意义重大，丰富和见证了吉林毓文中学的办学历史，补充和佐证了毓文中学相关的历史信息。

一、时代的映射

任何文物都产生于一定的时代（年代）。在一件教育文物的产生、发展和变化的过程中，文物所具有的时间属性和时代特征是其存在和称其为"文物"的重要前提和基础。吉林毓文中学所藏的500多件教育遗存文物是中国近现代时代特性的凝练与映射。吉林毓文中学旧址房舍等教育文物远早于毓文建校时间。据《私立吉林毓文中学·五五校庆纪念册》记载，毓文旧址原为"张伯苓先生与于慕忱先生出面向吉林官产处处长莫德惠呈领"的吉林迎恩门里西官运胡同（后改为翠花胡同）官钱

❶ 毓文复名典礼大会

局旧址①，房舍建筑时间应早于1856年即咸丰六年吉林通济官钱局成立的时间。

二、政治和社会环境的涵养

决定一件教育文物存在的重要因素有两个：一是政治和社会环境，即人为因素；二是自然因素。吉林毓文中学的教育遗存文物，无论是其数量还是藏品本身的文物级别与质量，在目前我国基础教育历史上均属

---

① 咸丰六年（1856年），吉林省城设立吉林通济官钱局。至咸丰七年，共发行相当银四万两的"官票"，强迫用银两兑换，此为吉林第一个有权发行纸币的官办金融机构。后几经停办，宣统三年（1911年），吉林省将"吉林永衡官贴局"和"吉林通济官钱局"合并，并更名为"吉林永衡官钱银号"。1932年被并入伪满洲中央银行。

上乘，其留存于今的主要原因是政治和社会环境的促成，即政府的重视和社会发展的推动。吉林毓文中学校址百年未变，建校至今也未有任何灾毁，其百余年的发展历程中主要经历了三个历史时期，即民国时期（1917—1948年）、解放后（1949—1963年）、1964年复名至今。而这三个历史时期虽然历经战乱、动荡，但毓文的文物环境相对稳定。

建校初期，张伯苓先生的巨大影响力，为学校正常发展提供了外在支持；伪满时期，学校虽然被封，但取而代之的康德第二完全小学继续完善并丰富着学校文物的数量与品类；解放后，学校更名为船营区第三小学、吉林市第二十二中学，但教育进程一直在延续。1963年，时任国务院副总理的邓小平批示恢复吉林毓文中学，1964年吉林毓文中学正式恢复校名。受外交等政治因素的影响，学校教育教学活动得以顺利开展，相关教育文物亦得到了很好的保存与丰富。

三、校址固定，载物传承

至2022年，毓文中学建校105年，但其作为物质场所存在的时间已达160多年。无论是吉林通济官钱局还是吉林永衡官钱银号，无论是康德第二完全小学还是复名后的吉林毓文中学，吉林毓文中学的办学场所始终未变。据笔者统计，吉林省域内有清代办学建筑历经百年而未有变化者仅存毓文中学，而其他中学或迁址、或更名、或被取缔。固定的办学场所使毓文中学教育文物的数量随时间的拉长而不断增多，其中很多文物甚至直接来源于百年未变的旧址，如毓文中学的清代建筑、多块清代太湖石、不同时期的碑刻、百年前的丁香树等。

四、名人志士情系教育

教育是一种人类的社会实践活动，而与这种社会实践活动相关的一切资料和物品，从广义上讲均属教育文物。从文物的角度看，毓文中学

❷ 毓文旧址教室正门

的发展历程也是教育文物不断产生、发展的过程，因为为促进毓文中学的兴盛，一大批英才呕心沥血、艰苦奋斗。近代著名教育家张伯苓、民国著名政治家莫德惠、著名爱国实业家松毓、吉林省第一位共产党员马骏、著名历史学家郭沫若、著名诗人冷歌、革命家陈翰章等人均为毓文的发展留下了宝贵的文化遗产，与这些名人相关的史料、物品等都是重要的教育文物。

五、文化基因的守护

学校教育遗存文物是文化传承的载体，而作为学校主体的广大师生，既是教育文物的传承者，也是这些传承载体的守护人。毓文中学

毓藏 百年名校教育文物考略

张伯苓	 松毓	 韩梓飏	 李光汉	 张云责
 莫德惠	 纪儒林	 李梦龄	 尚钺	 马骏
 郭沫若	 王希天	 韩麟凤		

百年革命历史

百年春秋，人事沧桑。毓文经受了时代血与火的考验，与中华民族同历荣辱，与中国革命共赴征程。

20世纪初，辛亥革命推翻了中国两千多年来的封建帝制，然而旧俗俱在，民智未开，中国仍受列强的欺凌与宰割。

近代先进的知识分子认识到，若要救我中华，则必要培育我国民独立自由之精神、理性智慧之思想、团结合群之德行、真诚务实之品格、勇猛尚武之气魄、思变好动之秉性。

抱有救国救民思想的热血青年——南开学子韩梓飏、张云责、李光汉等人毅然奔赴家乡，多方筹措，创建吉林毓文中学以泽乡救国！

❸ 早期毓文的革命参与者

500多件教育文物从清代开始，历经民国、伪满、新中国等多个重要时期，一代代毓文师生是传承这些文物的主要力量。毓文人有着深深的文化情结，这种文化情结既体现在对中国传统文化的热爱上，也体现在对毓文百年文物遗存的热爱与坚守上。具体体现在：第一，建校伊始为实现"泽乡济世、教育救国"的教育理想而千方百计寻求办学场所的感恩之心，建校人韩梓飏等呈领清代吉林官钱局旧址作为校舍，一定心存敬畏、感激涕零；第二，自张伯苓等人往观建校之址赋名"毓文"起，便为毓文人埋下了浓厚的重文爱文的文化基因；第三，首任校长韩梓飏提出的"毓文的生活是整体的，毓文的使命是创造的，毓文的生命是永久的"口号，是毓文人作为文明传承者的文化定位；第四，从1945年毓文校友会数十人召开大会及1964年毓文复名的历程来看，历代毓文人重文爱文的文化情感极其强烈。综上，毓文教育文物得以流传的重要原因是历代师生对毓文文化的认同、热爱与更新，即历代毓文人固有的文化基因。

❹ 邵强作品《春风》获"第六届全国水彩、粉画展"优秀奖

第二章　遗存文物成因与藏品来源、时限

25

毓藏 百年名校教育文物考略

❺ 邵强作品《前行者》入选第十二届全国美展

❻ 邵强作品《乌拉神韵》入选首届全国美术教育教师作品展

第二章 遗存文物成因与藏品来源、时限

毓藏 百年名校教育文物考略

《七根火柴》原著：王愿坚 编绘：姚光明	1、天亮的时候，雨停了。卢进勇因为小腿伤口发炎掉了队。两天来，他日夜赶路。
《七根火柴》原著：王愿坚 编绘：姚光明	2、一阵凉风吹得他连打了几个寒战。"要是有堆火烤烤该多好啊！"他知道这是妄想——就在他掉队的前一天，他们连里已经因为没有火而只好吃生干粮了。
《七根火柴》原著：王愿坚 编绘：姚光明	3、"同志——"卢进勇听到一句低低的叫声。
《七根火柴》原著：王愿坚 编绘：姚光明	4、在不远处的草丛里，打招呼的人躺在那里。
《七根火柴》原著：王愿坚 编绘：姚光明	5、"要是有堆火，也许他能活下来！"卢进勇望着那张被冷风冻得乌青的脸，痛苦地想。
《七根火柴》原著：王愿坚 编绘：姚光明	6、于是，他拉住那位同志的手说："走，我扶你走吧！"那同志摇了摇头。

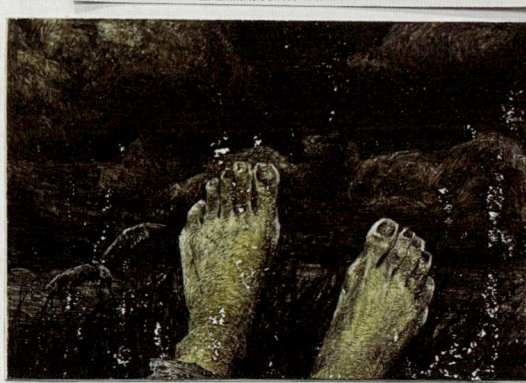

❼ 姚光明老师作品《七根火柴》荣获庆祝中国共产党成立95周年吉林省美术作品展三等奖（部分）

六、外事需要

　　吉林毓文中学是我国中学中唯一一所培养出外国领导人的学校，因此意义十分特殊。首先，因为外事需要，学校固有的办学场所、历年来的文物均得以完好的保存。毓文复名后，因城市改造、建设的需要，学校几次成为拟搬迁对象，但最后皆因外事原因得以保全。其次，在多年的外交活动中，因外事活动所需，学校也获得了多件外国文物，有些文物的级别相对较高，如外国友人赠送的礼品、亲笔题词等，这些文物也成了毓文馆藏文物的一大特色。最后，因为承担外事活动功能所需，学校增添了部分文物，如纪念中外友谊的泥塑、铜雕等。因此，毓文遗存文物众多的重要原因之一就是毓文承担着外事工作的任务。据统计，从毓文1964年复名至今共接待与外事工作相关的人员已达数十万人次，这在客观上也为毓文的文物收藏提供了便利条件。

第二节　遗存文物来源

　　吉林毓文中学共收藏各类教育文物500多件，它们的来源主要有四个：

　　一是百年遗存，即吉林毓文中学建校以来学校遗存的各类教育文物，包括不可移动文物和可移动文物。不可移动文物包括毓文中学旧址、各类教学设施等；可移动文物包括毓文各历史时期重要实物、艺术品、图书文献资料、手稿等。

　　二是革命印记，即毓文中学参与革命活动过程中遗存的相关文物和毓文校友东北抗联时期的部分文物。

　　三是中外友谊，即毓文中学在对外交往过程中留存的各类文物。

　　四是毓人搜集的文物，即毓文教职员工收藏的各类文物等。

第三节　文物收藏时限

文物是文化的载体，教育文物见证着一所学校教育的兴衰。吉林毓文中学从1917年建校至今，已历经105年的沧桑岁月。从时间维度划分，共经历了六个重要时期，即私立吉林毓文中学建校办学时期（1917—1937年）、康德第二完全小学时期（1937—1945年）、私立毓文中学复校

❽ 各界人士参加吉林毓文中学复名典礼大会

第二章　遗存文物成因与藏品来源、时限

时期（1945—1948年）、船营区第三小学时期（1949—1961年）、吉林市第二十二中学（1962—1963年）、吉林毓文中学时期（1964年至今）。从办学负责人维度划分，共经历了14任校长，分别为韩梓飓（1917—1925年）、张运图（1925年3月—1925年5月）、李光汉（1926—1936年）、韩麟凤（1947—1948年）、程秉伦（1964年2月—1964年6月）、丁文忠（1964年7月—1977年8月）、王进（1978年2月—1979年10月）、张健华（1980年5月—1984年8月）、崔中林（1984年8月—1991年3月）、张贵忠（1991年3月—1994年3月）、陈志岩（1994年3月—2003年7月）、韩非（2003年7月—2009年8月）、何曼丽（2009年8月—2016年8月）、姜国富（2016年8月至今）。

学校馆藏的500多件教育文物收藏起始时限即从1917年到2022年，历经6个时期、14任校长。其中，如果以1949年为界又可分为新中国成立前（1917年到1949年9月）和新中国成立后（1949年10月到2022年）。

第三章 藏品种类

第一节　瓷　器

中国古代的手工业大致分为三大行业，即制瓷业、冶金业和丝织业。随着社会经济的发展和工艺水平的提高，中国古代的手工业取得了非凡的成就，不仅留下了精美绝伦的文物，更凭借着中国的影响力将手工制造成果传播到世界各地。而毓文馆藏了诸多中国及外来的优秀手工艺品，它们架起了古今交流的桥梁，成了学生触碰历史最好的载体。

一、中国瓷器

中国古代的制瓷业起源早且发展水平高，制造的瓷器不仅成为人们日常使用的必备器具，而且经常性地被当作工艺品收藏和传承。中国古代精湛的制瓷技术也随着中国对外交往的逐渐扩大，以丝绸之路为重要通道传遍世界。

毓文共藏有150多件瓷器，其中绝大多数为朝鲜赠送，其余则为中国本土出产。从小部分馆藏的中国瓷器中可以看出，唐朝时期中国基本形成了"南青北白"的制瓷格局，以及宋朝"五大名窑"的制瓷体系，这展现出了中国非凡的制造水平。馆藏的朝鲜瓷器多为高丽瓷，其中最具特点的是高丽青瓷，从其形制和制造工艺上看其深受唐朝青瓷和宋朝秘色瓷的影响，由此可见唐宋时期中国制瓷水平的高超以及对周边地区产生的深远影响。通过毓文馆藏的瓷器，学生得以以最直观的方式了解中国古代制瓷业的发展历程及其对世界产生的重要影响。在这一过程中既培养了学生运用文物史料阐释历史的史料实证和历史解释能力，也使学生形成了文化认同和文化自信，塑造了学生的家国情怀。

瓷器是中国给世界的一大贡献，中国瓷器在世界各国的广泛传播，使世界各国人民的生活习惯发生了很大的变化，因此中国瓷器受到了世界各国人民的广泛喜爱。在世界各大博物馆中，中国瓷器几乎都是其重要的收藏品类。瓷器是由瓷石、高岭土、石英石、莫来石等材料在窑内经过高温（约 1 280～1 400 摄氏度）烧制而成，外部涂绘玻璃质釉或彩绘。笔者从历史的角度分析，认为瓷器在中国经历了萌芽、起步、发展、高峰、变化等五个重要时期。

1. 萌芽期

萌芽期即制作陶器时期。从目前出土的陶器来看，中国陶器历史久远，史前时代人类的先祖就开始制作陶器。最早的记载是"燧人氏范金合土为釜"，所以后人便以燧人氏作为中国人制作陶器的始祖。后来随着历史的进步和人类文明的发展，陶器的制作技艺及使用量都有了大幅的提高。特别是到了秦汉时代，陶器在人们的生活当中占有的地位越来越重要，据史料记载：瓷器、缶、土刑、泰尊等都是陶器，材质没有变化，不过各代名称不同。到了汉代，人们的审美标准发生了很大的改变，反映在陶器上就是工匠们开始将陶器的表面涂上釉料。因外观发生了改变，所以人们开始将陶器改称为瓷器。

据考证，"瓷"字就是汉代时造出来的。但汉代所谓的瓷器和后代真正意义上的瓷器还是有很大区别的，汉瓷的本质就是陶器上釉，烧制的炉温也不高，所以质地较脆，不耐用。

2. 起步期

中国真正意义上的瓷器的出现时期是唐代。唐代之前，陶器的制作比较粗糙，所以一般只作为生活用品。而从唐代开始，中国的制瓷业开始逐渐发达起来，著名的产品也开始相继问世，越州窑、邢窑等著名的瓷窑也开始出现，至盛时多达数十处。特别是由铅黄、绿、青等三色描绘花纹于无色釉白底素胎上的唐三彩，成为唐代名瓷的标志。

3. 发展期

人们普遍认为，宋代瓷器在中国瓷器发展史上大放异彩，最具文化特色。宋代瓷器在质料、色彩、图案、形制、装饰、工艺等方面均有创新，有些瓷器甚至成为后代帝王极力模仿的对象，宋代诞生了官、汝、哥、钧、定等五大名窑。宋瓷的颜色大都是单色釉，表面有碎纹，偶见无碎纹的，颜色要么单一，要么驳杂。装饰方面有划花、印花、绣花、堆花、暗花、法花、嵌花、釉里红、两面彩、釉里青等。传世名品有台北故宫博物院收藏的宋代汝窑洗和北京故宫博物院收藏的北宋定窑白釉孩儿枕等。

4. 高峰期

元代统治者统治的时间不长，并且对文化艺术的要求也不高，所以瓷器大多仿制钧窑的，而且很多瓷器只有朝廷同意才能烧造，因此元代官窑瓷器存世稀少。物以稀为贵，因为元代瓷器存世少，所以元代很多官窑瓷器价格昂贵。2005年元代青花鬼谷子下山图罐在伦敦佳士得"中国陶瓷、工艺精品及外销工艺品"拍卖会上拍卖，创中国艺术品的世界拍卖纪录。

到了明代，中国瓷器在工艺上、形式上都臻至完美。特别是明代永乐以后中国与外国通商，外国艺术及颜料开始传入中国，进一步将中国瓷业的发展推向高峰。

5. 变化期

清代是中国瓷器发展的变化时期。特别是康熙、雍正、乾隆三朝，国力兴盛、政治稳定、经济繁荣，而清朝皇帝重视文化发展，异常重视瓷器的烧制。当时的官造瓷器，仍以景德镇为中心，为保证瓷器的质量，康熙时还派专员管理瓷窑。由于皇家重视，不仅当时景德镇恢复了御窑厂，民窑也得到了很好的发展，还出现了"官搭民烧"的情况，在康乾盛世时期，中国瓷器生产达历史新高。同时，清代发展了明代青花和五彩技艺，创制了粉彩、珐琅彩和古铜彩等新的彩瓷品类，并研制出多品种单一色釉和镂雕、转颈、转心等工艺，可以说当时中国的瓷器工艺已经达到了炉火纯青的地步。总之，清代各时期瓷器内容丰、品种全、样式广，既有传承，又有创新，风格既有相近之处，又体现出相互不同的特征。如康熙、顺治时的瓷器一般都古拙、丰满、浑厚，雍正时秀巧隽永，乾隆时繁缛、规整，嘉庆、道光以后稚拙、笨重[①]。

二、朝鲜瓷器

朝鲜半岛曾建立高丽国，高丽王朝（918—1392年）时期烧制的瓷器被称作高丽瓷器，是朝鲜半岛宝贵的历史文化遗产。高丽瓷器按颜色和装饰技法可分为青瓷、白瓷、黑瓷、栗瓷、镶嵌瓷器、扮装瓷器、画金瓷器等多种品类。高丽瓷器最初的釉色为灰釉、黑釉，青瓷和白瓷在公元10世纪才逐渐发展起来，11世纪至12世纪进入全盛时期，13世纪至14世纪愈加丰富多彩。

1. 种类

高丽瓷器的种类多种多样，有盅、瓶、碗、壶、花盆、火炉、砚台等，几乎涵盖了生活的所有用具，且形状新奇，有模仿动植物的，如鱼、龟、龙、鸳鸯、甜瓜、荷花、葫芦等，也有仿制器皿的柄、把、顶盖等各种实物形状的，栩栩如生，活灵活现，反映了高丽民族崇尚自然的文化传统。

---

① 叶佩兰.古瓷收藏入门百科.长春：吉林出版集团有限责任公司，2006：130.

2. 工艺

　　高丽瓷器主要采用嵌螺钿法、镶金银丝螺钿工艺和镶嵌花纹手法。高丽瓷器以高丽青瓷最具特色，被视作高丽王朝瓷器代表作，南宋时称其为"高丽秘色"，被誉为"天下第一"。高丽青瓷是在中国唐宋青瓷技术与装饰手法影响下，融合高丽本国文化及艺术特色而形成的独立青瓷体系，是高丽文化的代表。在高丽青瓷发展的巅峰时期，釉色融合汝窑和龙泉窑的工艺特点，产品近似于龙泉窑、汝窑的梅子青、艾叶青、粉青、天青、月白等色。毓文中学馆藏的100多件朝鲜瓷器大多为高丽青瓷，这足可见其在朝鲜瓷器中的地位与受珍视的程度。

第二节 铜　　器

中国的冶金业历史悠久且成就突出，其制造的金属器具不仅改变了人们日常的生产和生活方式，而且因为其具有特殊的文字载体功能而使中华文化得以传承与传播。毓文馆藏三件宣德炉。宣德炉因明代宣宗亲自参与设计和创制而得名。其制造工艺精美，是铜炉铸造的样本，在制成之后也远播到了外国，这也印证了明朝时期中国的对外交流。

通过毓文馆藏的宣德炉，学生可以更加近距离地感受中国古代冶金业高超的制造水平，感悟历史的伟大和魅力。同时学生也可以通过文物深入了解这一时期中国与外国交往的状态，既能培养学生多视角思考和认识问题的能力，又能开阔学生眼界、增长见识。

❶ 清代铜戟耳簋式炉

❷ 清代铜羊首耳洒金香炉

在中国古代，香炉的用途十分广泛，总的来说主要有四种用途：

一是熏香之用。中国古人十分注重礼节，大臣觐见君王或者迎接贵宾必须去除衣服上的异味，并且将衣服熏香。

二是书房必备。中国古人读书时十分注重环境的营造，如果环境轻松，阅读时会心情愉悦，更有助于提高读书效果，并且香炉里袅袅的烟香可以令人保持精神旺盛，便于通宵阅读。

三是祭祀礼器。中国古人有祭祀的习俗，祭祀时必有礼器，香炉就是其中非常重要的一项。

四是文人陈设之用。随着人们物质文化水平和审美要求的提高，古人也会选择各种不同形状的香炉用于陈设。

宣德炉是明宣宗即宣德皇帝对文化事业的一大贡献。当时社会安定，经济繁荣，人们追求物质享受，宣德皇帝便将暹罗国刺加满蔼向大明朝廷进贡的几万斤风磨铜找工匠制成了举世闻名的铜炉，后人统称为宣德炉。据记载，当时制作的铜炉多种多样，共计5 000多个，主要有鼎彝炉、乳炉、鬲炉、敦炉、钵炉、洗炉、筒炉等，并且都是仿照古代名器的样式铸造而成的。

第三节　木　　器

　　《说文解字》中对"木"的解释是："冒也，冒地而生。東方之行。从中，下象其根。凡木之属皆从木。"其基本解释：树类植物的通称，树木。"器"字解释为："皿也。象器之口，犬所以守之。"其基本解释：用具的总称，器皿，器物，器械。本文所指的木器即由硬质草本植物制成的可供人使用或欣赏的物品。毓文中学收藏的50多件木器中，笔者认为有3件意义较为特殊。

一、清代红木五福捧寿纹八仙桌

　　八仙桌是中国传统家具之一，桌面呈正方形且较宽，四边可均匀分坐二人，如八仙围坐，故称为八仙桌。八仙桌在我国明清时期十分盛行，因其使用方便，形态端庄，结体牢固，特别是其工艺简约，仅需腿、边、牙板等三个部件，所以无论是达官显贵还是平头百姓几乎家家必备。桌面边长一般要求在0.9米以上，桌面边抹较宽，攒框打槽，以木为心，面常两拼，面心后装托带，以增桌面之牢固度与承重度，亦有取瓷板、云石为桌面者。四周可雕各种图案，使其更具传统之美与木之华贵。

❸ 清代红木五福捧寿纹八仙桌

  毓文这件八仙桌意义十分特殊，因为它是毓文重要建校人、著名爱国实业家松毓先生捐献并留存于学校的唯一物品。

  松毓系南开校友，曾创办多项实业。当时省城吉林有三大著名实业家，分别是牛子厚、松毓和王百川，而松毓是三人中最为支持文化事业的。松毓心怀救国宏志，以实业救国为己任，曾创办《吉林日报》《公民日报》《新吉林报》等进步刊物和女子学堂、毓文中学等新式学校，传播新文化，并为创办吉林全省各学校悉心筹划，不遗余力。毓文名为"私立"，实则相当于"公办"。毓文校舍是民国政府的"官产处"，每月固定的经费来源于政府财政厅，毓文在办学过程中得到民国吉林省府、议会等的大力支持与鼎力帮助。应该说，毓文的背后凝结着民国吉林"众仙家"的"神通"。

  毓文建校伊始，可谓一穷二白，当时房无一间，地无一垄，幸亏有政界精英、商界名流、社会贤达的大力支持，无私捐助，毓文中学才得以招生纳学，声名远播。但一所学校若要长期立足，更须有雄厚的物质基础。据学校相关档案资料记载：毓文中学建校时各界爱心人士曾陆续捐赠给学校大量图书、桌椅、教具等教学物品。毓文中学所藏的这件八仙桌用料考究，图案精美，寓意吉祥，是当年松毓先生捐献给学校的重要物品之一，长期摆放于学校会客厅内。

笔者推断：这件八仙桌一定曾为毓文建校呕心沥血、奔走呼号的张伯苓、松毓、于慕忱、莫德惠、王荁林、韩梓飏、张云责、李光汉等"八仙"承坐。可以说，如果没有这八位重要"仙人"的积极努力，毓事难成。一件普通的八仙桌，承载着毓文厚重的历史，几位特殊的拓荒人引领了毓文百年的情怀与担当。

二、清末民初松木讲台

毓文收藏的教育文物中，有一件格外引人注目，但凡到访毓文中学旧址教室的参观者，必与其合影留念。这就是毓文中学传承至今的民国松木制讲台，雅称"三尺讲台"。

"讲台"一词最早见于元代黄溍的《虎丘云岩禅寺兴造记》："寺则晋王氏昆弟司徒珣、司空珉所施之别业，生公讲台处、点头石、千人坐在焉。"明代宋懋澄在《真娘墓记》中写道："于是宋生慨然指讲台之东南谓之曰：'此非所为真娘墓耶？'"明代之后，"讲台"一词逐渐成为

❹ 清末民初松木讲台

代表教育、形容教师事业的别称。现代汉语词典中关于"讲台"的释义是"在教室或会场的一端建造的高出地面的台子，供人在上面讲课或讲演"。著名作家赵树理在《李家庄的变迁》中有这样的描述："当这人初走上讲台，他看见有点像小常。"文中"讲台"指的就是教师上课用的高台。

毓文中学所藏的这件讲台高92厘米、宽85厘米、进深49厘米。整个用松木制成，上板外伸，地角起沿，色呈棕褐，包浆浑厚。因其年代较远，桌面已呈棕黑色，并凹凸不平，但抚之若婴儿肌肤，手感极佳，极具历史年代感。

笔者曾亲自用尺丈量其尺寸，只为验证"三尺"讲台到底多高。事实证明：人们统称的"三尺"，并不是我们现代意义上的三尺，即每尺等于33.33厘米，"三尺"只是人们对于讲台高度的约数。古时度量的尺寸与今有异，秦时一尺约23.1厘米，汉时一尺约21.35～23.75厘米，隋时一尺约29.6厘米，而唐代一尺约30.7厘米。到了宋元时期，略有增加，一尺约31.68厘米，明清时木工一尺则约31.1厘米。而这件讲台高92厘米，最接近明清时的标准，这佐证了这件讲台的制成年代，即清末民初。

这件讲台在某种意义上是毓文中学105年办学历程的缩影。主要源于以下四点：一是它的使用人员最多。毓文105年所经历的十几位校长、上千名教师、数万名学子几乎都与它息息相关。马骏、尚钺、郭沫若、楚图南等一大批毓文教师均以此台为案，引经据典；赵尚志、纪儒林、冷歌、陈翰章等数万名优秀学子常围其左右，热情激扬。二是实用功能强。它可拽、可推、可搬，可勇挑重担，可肩举力扛。它周身无雕无饰、朴素端庄，但它是每一支蜡烛边最长情的守护者，每一块青砖旁最忠实的助教人。三是它的传承时间最久。正因为它的低调、质朴、含蓄、内敛，让它躲过了千般浩劫、万种劫难，虽传承至今，但仍可寿千年。四是它的象征意义最大。它一身正气、清风素雅，它任劳任怨、默默无闻，它是教育事业的典型代表，是广大教育工作者的完美象征。

三、民国课桌椅

近年，毓文中学学生所用桌椅均为上级部门统一配发，制式相同，多以铁皮为骨，边饰塑料。从更换的频次和破损的情况来看，学生们并不是十分喜欢这些桌椅。而毓文中学馆藏的24套民国时期的课桌椅（复制品）无论是设计理念还是用工选材，于今仍有许多值得我们借鉴的地方。

首先，从设计理念上看，毓文中学民国课桌椅的设计有四个特点：一是实用性，毓文所藏桌椅的课桌和座椅是用拖泥连在一起的二合一设计，各部件间的连接均采用中国最传统的榫卯结构，两件器物周身无一钉，保证了桌椅不会因铁质渗入而影响寿命。全手工、用榫卯，保证了桌椅的实用性、耐久性，即使坏了也便于修复。二是美观性，桌椅方正规矩、美观大方，学生入座即进入"两耳不闻窗外事，一心只读圣贤书"的状态。三是工程性，桌椅分别长65厘米、宽39厘米、高79厘米和长65厘米、宽25厘米、高42.5厘米，非常符合人体工程学，既能让学生保持健康的坐姿，也能保证舒适性。四是私密性，虽然民国时的学子们不比现在学子因压力过大、厌学息学等因素影响而常备"课外读

❺ 民国木制学生课桌椅（复制品）

物"，但可能也会带些学校要求以外的"读物"要置于私密之处，而此桌恰如书箱，只有翻开其盖才可将书本等物取出，因此具有极强的"私密性"。

其次，民国课桌椅的选材用料既符合中国传统文化，又具有材料功能上的教育美学。这些桌椅均由实木制作，选材物美价廉。笔者一直觉得，教育本身就是一件带有极强的感情色彩的事情，因此与教育相关的一切物品也应该是有温度的。铁是常用金属之一，就其本质而言，是冰冷的、毫无感情的，因此古代常用来制作兵器。而木集天地灵气，历春夏秋冬，纳日月精华，伴人之终生。自有人类开始，木就是人类得以栖息、生存的重要工具，甚至木的很多特性，与人相似、相生，因此有"十年树木，百年树人"之说。所以，笔者认为：木制桌椅无论是性能、功用，还是材质、做工，都要优于现在用的铁质桌椅。

综上，通过民国学生的桌椅可以反映出毓文中学百年前教育视野的广阔、教育理念的先进和教育细节的严谨，以及校风与学风的优良。

第四节　珐　琅　器

珐琅器是以珐琅为装饰材料而制成的器物，其基本成分为石英、长石、硼砂和氟化物，与陶瓷釉、琉璃同属硅酸盐类物质。因工艺不同又可分为掐丝珐琅器、錾胎珐琅器、画珐琅器和透明珐琅器等几个品种。明初制作珐琅器的技艺日趋成熟，明代景泰年间技艺突出，故有景泰蓝之称。

毓文中学收藏的是一件清代乾隆年间制作的铜鎏金掐丝珐琅金刚铃。金刚铃是佛教密宗法器，又称金铃，造型一端为铃一端为杵。它是

❻ 清铜鎏金掐丝珐琅金刚铃

督励众生精进与唤起佛、菩萨之惊觉所振摇之铃，即于修法中，为惊觉、劝请诸尊，令彼等欢喜而振摇之。

此金刚铃仅有铃身，上部鎏金铜杵已遗失。铃身以掐丝珐琅制成，顶层如意云纹，第二层饰有大朵如意云纹和四只饕餮纹，第三层为宝相花和西番莲纹，铃口刻款"大清乾隆年制"六字楷书。此金刚铃工艺精美，纹饰复杂，是件存世十分稀少的乾隆官造的佛教法器。

第五节　织　绣

中国古代的丝织业享誉世界，不仅西方人为了获得中国的丝织品不远万里来到中国，而且中国古代最重要的对外贸易和交流通道——丝绸之路也因这项重要的成就而得名。毓文馆藏9件丝织品，其中，4件为中国织绣，5件为朝鲜织绣。通过馆藏的中国织绣文物，可以更为直观地感受到中国以苏绣、湘绣、粤绣和蜀绣为代表的"四大名绣"的高超技艺。从馆藏的朝鲜织绣文物的制造工艺、用料、着色以及绘画书法等方面，可以发现其深受中国古代丝织业的影响。通过毓文馆藏的丝织品，学生可以更为深切地感受到中国古代丝织品五彩斑斓的美以及中国古代文化的无穷魅力，也能够培养学生传承中国传统技艺和弘扬民族文化的历史责任感和使命感。

织绣就是以传统织绣工艺创作出来的艺术品。丝绸制作技术是令中国人引以为豪的伟大成就，也是世界文明史上的重大成就。丝绸沿着汉唐丝路经西域外传，带动了东亚、中亚、西亚、欧洲和非洲的经济文化交流。丝绸是中华文化和手工业的名片，彰显着中国人的智慧和勤奋努力，向世人展示了中国优秀的传统织绣技艺和悠久的织绣历史。

织绣是一种地域分布广泛的手工艺品类，各个国家、民族、地区都逐渐形成了具有自己文化特色和优势的织绣技法和风格。我国有著名的"四大名绣"，并逐渐发展出京绣、鲁绣、汴绣、瓯绣、杭绣、汉绣、闽

毓藏 百年名校教育文物考略

❼ 刺绣山水图

50

绣等地方名绣，及侗、苗、白、壮、蒙古、布依等多个具有自己特色的民族刺绣。

朝鲜刺绣作为优秀的朝鲜民族传统工艺之一，是指在绸缎、彩绸丝和帛等布料上，以针和彩线上下刺绣的手法，绣出各种优美图像、花纹或文字。绸丝的色彩，也是用来自大自然的矿物和植物颜料，采用朝鲜独特的配料方法，制作色彩斑斓的各种彩线。朝鲜的刺绣技法有很多，其中比较流行的有平绣、长短绣、分缝绣、平沟绣、萦绕绣、松叶绣等。近年来，朝鲜高度重视其刺绣技艺的发展，专门成立了刺绣研究及创作基地，着力研究和创新各种刺绣技法，并将研究成果及时用于生产实践，先后利用两面刺绣、两面异色刺绣、三面立体刺绣和两面异色异形刺绣等技法创作出诸多优秀作品。毓文中学馆藏的猛虎图以及山水图、风景图就是其中优秀的代表作。

❽ 刺绣风景图

第三章　藏品种类

第六节 玻璃器

　　玻璃是人类文明发展史上最早诞生的人工材料之一。考古资料显示公元前3000年左右在古埃及与西亚地区出现了具有原始玻璃性质的物件（被称为费昂斯或釉砂）以及由温度较高的玻砂制成的物件。

　　玻璃在我国古代文献中也有较多记载，有颇黎、陆离、流离、琉璃、药玉、料器等多种名称。我国西周时期就已烧制出以二氧化矽为主要成分、近似玻璃质感的物质，后逐渐从如玉如石带有光泽、继而隐约映光发展为澄澈透光且别具美感和质感。

　　毓文馆藏三件民国时期的玻璃制品，一件为民国油灯，一件为民国铜镶玻璃笔架，还有一对民国玻璃制花瓶。既有生活用品，又有文房用具，还有陈设观赏用品，这反映出民国时期玻璃制品的生产规模和与人们生活的密切关系。同时也反映出吉林毓文中学建校时期玻璃教具、生活用品已广泛使用，表明师生对玻璃制品的喜爱与珍视，以及浓厚的对文化用品的保护和传承意识。

❾ 民国铜镶玻璃笔架

第七节 武　　器

　　在毓文中学毓德楼楼门西墙上，由 45 个铜镀金大字组成的毓文精神熠熠生辉，内容为：泽乡济世的爱国精神，和衷共济的团队精神，务本求是的科学精神，与时俱进的开拓精神，追求卓越的金牌精神。这是毓文中学自 1917 年肇始以来历代毓文人的精神概括和总结，也是毓文人的精神追求和奋斗目标。翻开厚厚的毓文校史，一代代毓文人好似一颗颗耀眼的明珠，装点着岁月，照亮了夜空。特别是 1931—1945 年间，毓文中学以赵尚志、纪儒林、陈翰章为代表的优秀校友义无反顾、勇往直前，在中国共产党的领导下，在白山黑水间，在生与死、血与火的磨砺中，铸就了东北抗联精神。2020 年，为更好地发扬和传承红色文化和革命精神，让红色基因在毓文代代相传，毓文中学创办了全国首个东北抗联博物馆——吉林毓文馆。馆内陈列、展出了百余件近代革命文物，

❿ 子弹带

第三章　藏品种类

其中包括32件武器，如军用望远镜、子弹、铁刀、各种扎枪，以及缴获的日本战刀、军刺等。

这些武器的材质不一定精良，有些武器可以说是比较粗糙的，但它们是特定时代的象征，是革命将士爱国精神、崇高精神风貌和高尚品格的展现，是中华民族自强不息、百折不挠的革命精神的彰显，是人类为了正义事业挑战自身极限的传奇典范。

第八节　古籍善本

古籍，是指古代未采用现代印刷技术印制的书籍；善本，最初指经过严格校勘、无讹文脱字的书本。目前善本的时代下限一般确定在清乾隆六十年即 1795 年。

印刷术产生前，善本书籍一般为写本，把原稿或别本认真缮写下来，并与原文校对。随着唐朝时期雕版印刷术的出现，"版本"的概念开始形成。根据文献收录多寡，有足本和残本之分；根据校勘精劣程度，有精本和劣本之分；根据书籍版本时间上的先后，有古本和今本之分；根据数量多少，有孤本和复本之分。从文化收藏的角度看，古籍善本一般又分为孤本、善本、珍本。孤本指国内仅此一部，未见其他人收藏或著录。而珍本与善本之界定争议较大。宋效先先生认为："珍本是比较稀见或比较珍贵之本，善本是凡内容有用，流传稀少，校刻精良，具有文物、学术或艺术价值之本。"[1]李致忠先生从西方观念和词汇学的视角提出"善本"就是珍贵的、值钱的、罕见的传本，即以"珍本"概念替代"善本"[2]，并丰富了"珍本"的内涵。彭令先生从唯物史观视角出发界定"珍本"为利国利民的古籍精品，他认为"珍本"和"善本"以文物价值为

---

[1] 宋效先. 古籍版本浅说. 吉林大学社会科学学报，1987（4）.
[2] 李致忠. 古书版本鉴定. 2 版. 北京：北京图书馆出版社，2007：83.

基础，以文献价值为核心价值，以艺术价值为形式。文物价值的判定需要根据古籍的真赝、年代、版本来衡量。三种价值皆高者或者其中一两种价值特别突出的古籍即为善本。

古籍善本是毓文中学馆藏的一大特色。之所以这样认为，主要基于以下三点：一是毓文所藏古籍善本的数量不多，但档次、质量较高，有清代乾隆十六年（1751年）宫廷制作的印玺拓本《册宝图谱》；二是所藏善本的内容、范围较为广泛，既有唐宋时期的佛经残页，又有清代二品官员手抄本带夹批的线装书籍《墨醑》；三是所藏善本的来源特殊，馆藏部分古籍善本为毓文建校时校长等人所捐，意义特殊，如民国时期故宫院长易培基亲笔所署珂罗版图书《故宫名人画竹集》就是时任校长韩梓飏所捐。这些古籍善本构成了吉林毓文中学珍贵的历史遗存，并一直传递着古今文化的信息，彰显着毓文深厚的底蕴。

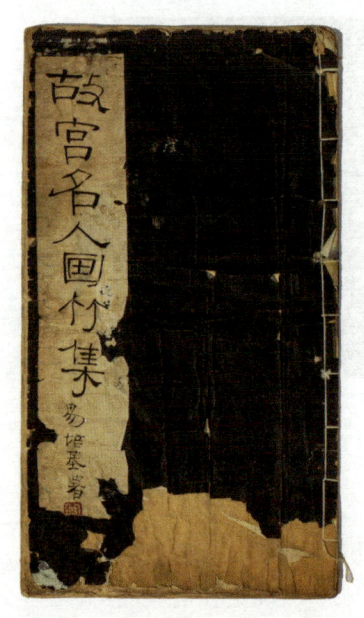

⑪ 民国珂罗版《故宫名人画竹集》

一、成多禄与《册宝图谱》

毓文中学馆藏一本清代《册宝图谱》，书长35.5厘米，宽29厘米，厚0.5厘米，为八孔线装。书外包蓝色云龙纹织锦书衣，上有白色云龙纹锦地书签，签上手书楷体"册宝图谱"四字。全书共十六张，每张正反两面均由上好白棉纸折叠而成，中间夹有宣纸。前三张为空白，中间十张附有清代"盛京十宝"宣纸朱拓，拓文依次为：天子之宝（满文）、皇帝之宝（满文）、皇帝之宝（满文）、大清受命之宝（满文、汉文）、皇帝之宝（满文、汉文）、皇帝之宝（满文、汉文）、奉天法祖亲贤爱民（满文、汉文）、制诰之宝（汉文）、敕命之宝（满文、汉文）、广运之宝（汉文）。拓下附有楷书介绍文字，主要介绍所拓宝玺之材质、尺寸及印纽形制、尺寸，每张纸后注有宝玺拓片译文。后三张写有行书跋文两篇。由于年代久远，全书内外均有水浸痕迹，除个别跋文不清晰外，其余十分完整。整书开本阔大，庄重典雅，装帧考究，为典型清宫善本制式。

据载：1746年，乾隆皇帝对宫中所藏39方宝玺进行了考察、清理，确定制用宝玺25方，4方留用，剩余10方宝玺或宝文重复或为国初所用，不同于"现用诸宝"，也不能与古玩并列，遂赍送盛京（今辽宁沈阳）凤凰楼尊藏，以体现盛京皇宫龙兴之地的尊贵。因为十宝初存于当时的盛京，便定名为"盛京十宝"。1900年，八国联军以镇压义和团运动、保护本国侨民为借口，侵略中国，8月14日攻陷北京，大肆烧杀抢掠，史称"庚子之乱"。沙俄军队以"护路""剿匪"为借口侵入中国东北腹地，9月俄军逼近盛京，盛京将军增祺①、副都统晋昌等人匆忙将"盛京十宝"、历朝皇帝"圣容"像等文藏珠宝抢运至承德热河行宫暂存。后来，几经辗转。目前，"盛京十宝"仅存七方，收藏于北京故宫博物院。

《册宝图谱》后写有行书跋文两篇，共485字，较为详细地记载了此谱的由来。

上跋为：

呜呼！盛衰之际可以观人哉！当沈之亡，而俄之方入也，以干戈逢火墟其城，大官走避，辎重纷纷满途，其甚以轻装行，其又甚以身免者相属也。乃芍帅徐徐焉，后于枪林弹雨中忘其身与家，独载此宝而出。嘻，异矣。是岂智之不足欤？抑亦思心所当尽发于中而不能止欤？夫人于国家全盛念，数圣人之留贻，

⑫ 清代古籍《册宝图谱》

---

① 增祺，字瑞堂，伊拉里氏，满洲镶白旗人，密云驻防。以佐领调黑龙江，佐练兵事，历至齐齐哈尔副都统。光绪二十年，署将军。二十四年，擢福州将军，充船政大臣，兼署闽浙总督，旋迁盛京将军。——《清史稿》

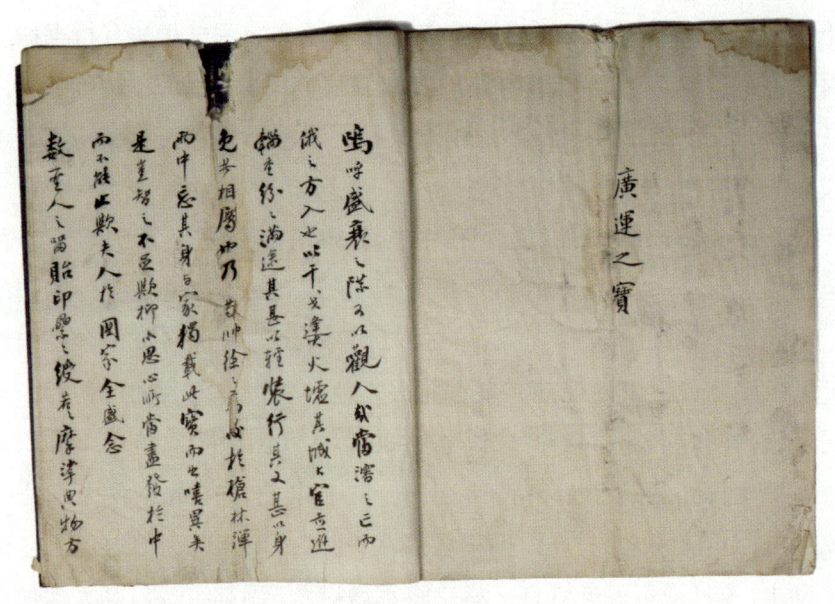

⑬ 清代古籍《册宝图谱》内行书跋文（部分）

印累累、绶若若，摩挲典物，方感恩戴德之不暇。一旦有变，往往委诸道路，等于弁髦，以远其害，所谓明哲之保身。非耶。然而古之完璧而返，抱器而逃者抑又何也？孔子曰："其知可及也，其愚不可及也。"因观此谱，窃即感乎斯言。光绪二十七年三月三日星主人识于退思庵。

下跋为：

册宝图谱，一帙十三页，有序无跋，乾隆十六年所颁发，古色斑驳，印痕宛然，盖三百余年物也。今年秋，俄陷沈阳，芍航都护内府册宝，奉以行，将诣行在所。凡玺十，旂檀一，金三，青玉、碧玉各三，索以绒，牌以牙，或龙、或狮、或麒麟，其纽也。时予避乱沙漠间，谱后获，因校对藉以拜观，并为模揭以记之。夫以兵燹之余，宝器之销沈，图书之散佚者，不知凡几，今乃于斯地，睹斯宝与图，景星庆云为之一现，亦幸矣哉。呜呼！谁之力与？谁之力与！光绪庚子冬十月既望，竹道人书于漠北寄庐。

经考证，星主人：魁升（1862—1931），字星阶，吉林永吉人，早年投效珲春副都统依克唐阿，清末任黑龙江省财政厅厅长、奉天政务厅厅长、奉天代省长、吉林省省长等职,是吉林近代史上有名的人物①。竹道人:成多禄(1864—1928),吉林人,著名书法家。原名恩令(恩龄),字竹山,号澹堪,室园名榆庐、澹园、十三古槐馆等,他精书法、诗词等,墨迹遍及东北三省,享誉全国,且为官清廉,被群众誉为"清廉太守",是"吉林三杰"之一②。芍航:晋昌,字芍航,满洲镶黄旗人,时任盛京副都统,庚子之乱时负责运送盛京皇宫的宝玺、册书等珍宝③。

吉林省美术馆馆长、成多禄研究会副会长韩戾军先生鉴定认为:《册宝图谱》跋文应为成多禄38岁时的作品,上跋由魁升题识,成多禄代为书写,下跋为成多禄题写。从该书的形制、规格、用纸、制作风格及跋文等内容综合分析,该书应为清乾隆十六年(1752年)清宫制作并颁发。1900年庚子之乱时,成多禄在辽宁库伦随国宝西行时"因校对藉以拜观"。据史料记载:当时魁升与成多禄偕其老母在沙漠间躲避战乱,饥不果腹,窘迫非常,正所谓:"间关数百里,出入乱军之中,囊无一钱,仰事俯蓄惟星阶是赖。寒气砭肌,衣不掩胫。"④后来,幸亏成多禄的朋友敬宜⑤相助,才使其渡过难关。这段经历在李澍田主编的《成多禄集》中也有

⑭ 成多禄

⑮ 徐鼐霖

---

① 皮福生.吉林碑刻考录.长春:吉林文史出版社,2006:412.
② 闫海春,唐岩利,秦丽蓉.经典吉林:艺术卷.长春:吉林出版集团股份有限公司,2017:84.
③ 李澍田.徐鼐霖集.长春:吉林文史出版社,1989:93.
④ 李澍田.成多禄集.长春:吉林文史出版社,1988:31.
⑤ 徐鼐霖(1865—1940),永吉尚礼人,原名立坤,字敬宜,又字敬芹,号憩园,晚号退思,"吉林三杰"之一。

记载："吾友敬宜时在寿仁山长军中，携衣裘数袭、毡履数双，冒险赠余。余感极而泣，以所乘良马赠之。"另据《澹堪诗草卷三（家藏未刊稿）》之《寿敬宜六弟五首》云："八月庚子乱，穷边踏荒雪；仓惶乱军中，万里人踪灭。感君念老母，间道自出没；赠裘及毡履，饥骨得全活。古人肝胆交，青宵悬孤月；回首二十年，忍说枯伦别。"诗中较为详细地介绍了当时成多禄在漠北避乱时得其好友敬宜帮助时的情景及感动之情。

成多禄的这段经历在其他作品中也有记载，如《澹堪诗草卷一》之《庚子塞上作四首》诗云："莽莽平沙接大荒，当年圣武定全羌。汉家佗尉蛮夷长，唐代浑瑊异姓王。册谱球刀诒法物，图开日月近宸光。兴源寺里尊藏处，犹见河山带砺长。"诗中介绍了成多禄在庚子之乱时，于大漠之中的所思、所感及深深的爱国情怀，并交代了当时《册宝图谱（盛京宝谱）》等宝物的尊藏之地，即兴源寺。据此可以推断：当时成多禄在沙漠里避乱，因其为盛京将军增祺手下文案，便受命校对、察验"盛京十宝"。

上跋落款时间为光绪二十七年三月三日，地点为"退思庵"。据笔者考证，成多禄好友徐鼐霖晚号"退思"，"退思庵"应为徐鼐霖之住所。据《徐鼐霖集》载："次年辛丑，返斾奉天。将军媢敌，居停被掳，小人进言，咎归于予，因之拘禁，月零三日。兄与星阶，多方营救，急难之情，逾于骨肉。"①当时，寿仁山都护回师奉天时被掳，有人诬系徐之过，盛京将军增祺下令将其囚禁，幸经成多禄和魁升多方营救，竭力辩诬，方才获释。而徐被囚时间恰为光绪二十七年二月，获释时间为光绪二十七年三月三日，也就是说，徐获释时间和上跋落款时间是同一天。因此，笔者推断：当时应为成多禄和魁升听说徐获释后，激动不已，遂至徐之住所探望。好友重逢，相拥而泣。魁升眼观摩拓本《册宝图谱》，想起避乱时的情景，百感交集，遂为之写下跋文，并对"后于枪林弹雨

---

① 李澍田. 徐鼐霖集. 长春：吉林文史出版社，1988：92.

中忘其身与家，独载此宝而出"的苟航将军给予了较高的评价，同时委托成多禄将跋文抄于谱后，是为上跋。

皇帝宝玺，自古就是皇权的最高象征。尤其是盛京十方宝玺，承载着大清王朝的源起与隆兴，不仅是大清王朝兴衰的缩影，更是中国近代历史的见证。可原本非常完美的十方国之瑰宝，却在特殊的岁月里或毁、或佚，今后也已很难重逢。而作为宝玺拓片制成的《册宝图谱》，就愈加珍贵和难得了。据收藏者介绍，此谱原为吉林市一位著名收藏家所有，后机缘巧合，被毓文所藏。经查证：此谱系目前我国发现的清代唯一一本由皇帝宝玺拓片制成且于民间流传的册宝图谱，因此具有极高的史料价值、文献价值与文物价值。

二、墨醅

毓文馆藏一本手抄本《墨醅》。该书用手捻纸绳穿成，长约18厘米，宽约14厘米，厚约0.4厘米，封面有楷书"墨醅"二字。书虽不厚，但内容全部由毛笔写成，字写得洋洋洒洒、仪态万千，笔力遒劲瘦硬，形神兼备，极具风骨。全书共抄有文章27篇，共2万余字，每篇文章都写有名称、作者姓名、省份与名次。书的天头处有较为详细的朱笔眉批，同时有圈点、旁批和总评。从文章的内容来看，此书应为清代考生考试时的作文，抄录成册，并做了详细的评注。

书中所录文章的落款为"莲衢"。经查，莲衢是杜联的号。据浙江上虞乡贤研究会介绍，杜联生于嘉庆九年（1804年），卒于光绪七年（1881年），字耀川，号莲衢，浙江会稽（绍兴）人，官至内阁大学士兼礼部侍郎，官居一品。系北宋名相杜衍之后。杜衍

⓰ 线装手抄本《墨醅》封面

⑰ 线装手抄本《墨醼》内页

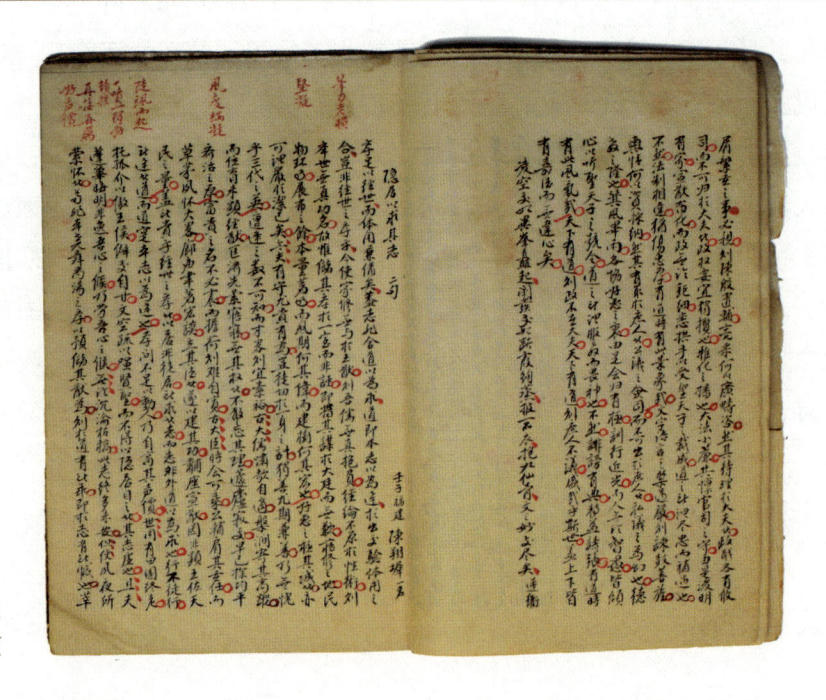

是《岳阳楼记》的作者范仲淹的老师，范仲淹为相也是经他推荐的。杜联与清代著名学者、书法家、教育家、文学家俞樾是同科进士，私交甚厚。清代著名巧对"方钊恭钊方恭钊，杜联瑞联杜瑞联"中的"杜联"即为此人。杜联学识渊博、才华横溢、品德高尚、为官清廉，因而受到重用，身居要职，主持国史纂修，其著作有《自订年谱三卷》《莲衢杂著》《莲衢诗文稿》《南行记事》《征轺杂记》《使粤日记》《天牍稿》《近科墨醼初编》等。

杜联曾经多次担任要职，一直两袖清风，足可为后世典范。晚年，杜联目睹清政府政治腐败、社会动荡，故托病辞官还乡，把自己的田地捐给族里，赡养族里的穷苦人家。他信奉佛教，曾出资修缮澄清寺。他自己不建府第，仅靠祖上留下的几间老屋栖身，与外界很少交往，潜心著作，生活极为俭朴。因其原来职位较高，所以去世时子孙们估计朝廷会派官员前来祭奠，特借其堂弟之大宅作为灵堂，设灵开丧，乡人都诧为异事。杜联去世后，家中别无长物，唯书斋内藏有几箱书籍和文稿（据其后人讲，"文化大革命"时已全部被毁）。

第九节　老　照　片

2017年5月是毓文中学百年校庆的日子，数万名校友从世界各地纷至沓来，再次重温、回忆和感怀那段难忘的岁月。其中一本由吉林美术出版社出版的吉林毓文中学百年校庆丛书《毓文旧影》让那些久居外乡的学子无限感慨，因为那是他们曾经的过往、生命的点滴、岁月的底片和青春的回忆。记得我在该书的序言中写道："百年毓文阅尽沧桑变幻，历经烽火硝烟，既是时代的亲历者，又是时代的见证人。它见证着先贤乡达怀着崇高而纯真的教育理想泽乡济世，见证着爱国青年带着对

❸《毓文旧影》

未来的无限期冀呼告救亡，见证着杏坛名师桃李芬芳培育英才俊彦，见证着莘莘学子皓首穷经走向五湖四海。翻开这本图册，不是阅读，而是对话，在与过去的对话中弥补我们无法回到黑白岁月的遗憾。徜徉在历史影像之中，品味珍贵的瞬间，寻找被遗忘的故事，冲出层叠的历史群像。"该书装帧精美，设计考究，曾获吉林省第四届精品图书奖（装帧设计奖）。

　　书中200多幅珍贵的老照片就来自毓文中学。这些照片题材包括风景、人物、树木、古建筑等，其中较为珍贵的有"吉林毓文中学建校旧址""1917年吉林毓文中学平面图""民国十九年五月五日吉林毓文中学师生合影""20世纪20年代吉林毓文中学学生篮球赛"等照片。照片是历史最好的见证，它不会因时代的变化而改变，它收藏了毓文，装点了岁月。

第十节 印　章

古时印章叫玺，秦代时有所区分，天子的印章叫"玺"，而其他人的印章改叫"印"。汉代，"玺"也包括诸侯王印章，而将军的印章称为"章"，其他人的印章称为"印"。清代，满族人入主中原，沿袭汉制，并将印章的各种称谓进行了严格的区分，将皇帝用的印称为"玺"，也称"宝"；王公的印称为"宝"，郡王以下官员的印称为"印"；职位低的官员的印称为"钤记""图记"；钦差的印称为"关防"；私人的印称为"图章""私印""小印"等，并各有各的式样，相互间有明显区别。

印章形制多样，有方形、圆形、椭圆形等。印章上刻的文字字体也多种多样，有云头文、鸟脚文、鸟篆文、龙文、缪书文、悬针文、鱼文、钟鼎文、隶书、草书、楷书等。最常见的印文有：大白文、细白文、方朱文、切玉文、满白文和满红文。

印章的材质也是多种多样的，有金、银、铜、铁、玉、石、翡翠、玛瑙、竹、木、牙、角等。现代人印章的使用材质多为各种石材，最常见的有寿山石、青田石、昌化石、鸡血石等。毓文共藏有 13 枚印章，所用材质主要有石、木、角等，如民国"吉林毓文中学校之图信"木印，著名篆刻家鞠稚儒为我校

⑲ 毓文中学木制印章（复制品）

❷⓿ 清代艾叶绿寿山石罗汉纽印章

教师史正中篆刻的"史正中"款寿山石印，著名书法家、篆刻家李壮先生为毓文建校100周年篆刻的印文为"一百年正青春""吉林毓文中学"的寿山石印等。

在这些印章中，有一枚清代方形艾叶绿寿山石罗汉纽印章特别珍贵。该印高11厘米，底径宽4厘米，印文为四字篆书"少长咸集"，边款为"丙午仲秋松筠"，印纽雕刻一罗汉坐于石上（可惜罗汉头部已失），座下刻有如意云纹。该印所用艾叶绿①寿山石色如艾叶，青翠嫩绿、质地温润、脂凝通灵、莹洁无类，是"寿山三宝"之一，为寿山石中稀有珍品，一般产于闽浙辽三省，产出极少。

该印最为珍贵之处不只在于其选材的稀少、精良，刻工的精湛、老

---

① 明代《闽杂记》记述："距山里许，有五花石坑三，石皆五色，……其次水坑以绿为贵，所称艾叶绿也。"清代高兆在《观石录》中曾记载："方寸一枚。碧若春草，通体艾叶小花——神品。"毛奇龄《后观石录》中记载艾叶绿二枚，曰其"绿色通明而底渐至深碧色独其往往处稍白则艾背叶矣"。及至民国龚伦在《寿山石谱》中所言："月尾山，隔溪与都成坑对峙，山产石，绿者曰月尾绿，紫者曰月尾紫。其艾叶冻一种，明谢在杭品为寿山石第一者，即出于此。""艾叶绿黝如老艾叶，质涩，间有水痕，冻而透明者颇罕，微似粤产之广绿石。"

练，更在于其作者的名气和与吉林的特殊关系。该印为清代一品大员松筠所有。据载：松筠（1752—1835），姓玛拉特氏，字湘浦，蒙古正蓝旗人。原为翻译生员，考取理藩院笔帖式后仕途发展起来，官至军机章京，工作干练，为乾隆皇帝所赏识。乾嘉道年间，历任银库员外郎、内阁学士兼副都统、户部侍郎、御前侍卫、内务府大臣、吉林将军、户部尚书、陕甘总督、伊犁将军、两江总督、两广总督、协办大学士兼内大臣、吏部尚书、东阁大学士、武英殿大学士、都察院左都御史、兵部尚书、直隶总督等职，最后以都统衔致仕，逝世后获赠太子太保，依尚书例赐恤，谥号文清，祀伊犁名宦祠。纵观松筠一生，可谓履历丰富，功莫大焉，仅任职岗位就达20多个，且忠君爱国，视民如子。两次出任伊犁将军期间垦荒6万余亩。松筠还是清代著名的外交家，在中俄边境贸易出现争端时，松筠力排众议，积极斡旋，协调争端，恢复了中俄边境的贸易和秩序，维护了中俄边境的稳定，促进了边境地区的经济文化交流与发展。

松筠1819年在任盛京将军前的乾隆五十九年（1794年）正月曾代理吉林将军。其任职时间虽然不长，但为吉林做出了积极的贡献。据《清史稿》载："保宁、松筠、富俊并出自藩族，久膺边寄，晋纶扉，称名相，伊犁、吉林屯田，利在百世；然限于事势，收效未尽如所规画，甚矣缔造之艰也！松筠在吉林，请开小绥芬屯垦，当时以不急之务沮之；至咸、同间，其地竟划归俄界。苟早经营，奚致轻弃？实边之计，顾可忽哉！"

㉑ 松筠题词清代拓片册页

67

松筠与吉林这段特殊的渊源也使这枚印章更显弥足珍贵。由印章边款"丙午仲秋松筠"可知，这枚石印应刻于乾隆五十一年（1786年），当时松筠34岁，年富力强，因工作干练而被乾隆皇帝赏识。印文"少长咸集"出自王羲之《兰亭集序》，以互文的写法表达不同年龄贤德的人都聚集于此。通过印文可知松筠深厚的文化修养和人格魅力，据能交、广交、善交朋友的性格可推断其能先后在中央、地方、外事等多个岗位任职，除了深厚的文化修养、卓越工作能力外，广泛的人脉关系也是一重要原因，如果没有广泛的人脉关系不可能在清朝错综复杂的政治环境中如鱼得水、收放自如。以"少长咸集"为印文，或可是其希望广交朋友及各路精英的心路写照和曾模仿西园雅集一样文人相聚时的留念。因此，一枚小小的印章亦是其超凡的能力与广博的人脉的佐证。另

㉒ 吉林北山公园康熙御笔《松花江放船歌》石碑

外，这枚印章的印纽刻有罗汉造像，这从另一个侧面反映出松筠笃信佛教的宗教信仰和心灵寄托。

毓文旧址紧邻松花江畔，与俗称吉林"头道码头"仅百步之遥，康熙皇帝曾在此登船视察吉林水师营，并写下了著名的《松花江放船歌》。之后清朝历代官员凡有莅临吉林者必至此登船巡视或游江观景。因此，笔者推断松筠任职吉林时或到访或经过毓文旧址，并临江远眺筹谋屯垦之宜。岁月长于过往，难解历史曾经的扑朔迷离。石章小于方寸，却可印证松筠丰富多彩的人生。松花江见证着历史，旧毓文也审视着松花江。作为曾经毓文（旧址）的过客，当年的他可能只对毓文（旧址）瞥了那么一眼，而今一枚小小的印章却见证着毓文仍收藏并传承着他的荣光。虽然松筠离开吉林已200多年，但"我吹过你吹过的风，这算不算相拥；我走过你走过的路，这算不算相逢"呢？

第十一节 玉 器

中国是世界上最早开采和使用玉的国家。1982年发现的新石器时代早期遗址查海遗址位于辽宁省阜新市阜新蒙古族自治县,遗址出土了透闪石软玉玉块,距今约8 000年,是迄今为止世界上发现的最早的真玉器。1971年内蒙古自治区赤峰市出土了玉龙,其制作年代应为红山文化时期。

在古代,玉器主要作为祭祀礼器。据《史记》记载:黄帝将他制订的法令刻在玉器上,这为我们提供了古代使用玉器的时间线索,即黄帝时期玉就已经开始使用了。夏商周三代,玉的用途广泛起来。玉器经常用于国家祭祀等重要的政治活动,是权力的象征。人们也以佩玉为荣,上至天子下至庶民,皆佩戴玉饰,以展示身份、审美和精神修养。国家重要典章、社会礼仪文饰的呈现都要使用玉器,特别是到了周代,玉器的使用更加广泛。从目前出土的多座周代贵族大墓可知,玉器几乎是所有周代贵族大墓的标配,这说明玉器在周代的重要地位和受人喜爱的程度。

玉石是人们在认识自然和利用自然的过程中逐渐赋予某种矿石社会性的产物,是政治和文化内蕴至自然物的一种社会表达。《说文解字》释"玉"为"石之美",《辞海》则将"玉"简化地定义为温润而有光泽的美石。玉是相对稀有的矿石,富含锌、铁、铜、锰、镁、钴、硒、

㉓ 岫岩玉雕《兄妹》

铬、钛、锂、钙、钾、钠等多种微量元素。《礼记》曰"君子比德于玉焉",有仁、义、礼、智、信的修养意蕴,所以古代男子佩玉以示君子养德。我国古代赋予了玉修身修心的功能,以润玉消除浮躁、赏玉愉悦心境、净玉涤清浊心,形成了独具特色的玉文化,是中华文化的重要组成部分。

玉有软玉和硬玉之分。软玉狭义上专指和田玉,广义上可涵盖十多种玉。硬玉仅指翡翠。中国的四大名玉分别是新疆的和田玉、河南的独山玉、辽宁岫岩的岫玉和陕西的蓝田玉,其中和田玉为四玉之首。

第三章 藏品种类

毓文馆藏了一件1965年10月1日为纪念新中国成立16周年而雕刻的名为"兄妹"的玉雕。该玉雕采用了上好的辽宁岫岩玉，长20厘米，宽10厘米，高10厘米（其中底座高2.5厘米）。玉雕整体采用浮雕、圆雕、镂雕、透雕等工艺，完美展现了一对小兄妹在荷叶形小船上聚精会神读书时的情景。哥哥背着草帽，草帽上刻着"人民公社好"；妹妹背着书包。书本左侧刻有象征长寿的"万年青"，右侧刻有"祖国万岁"四字；落款时间为"一九六五年十月一日"。

整件雕刻最大的特点是生动，原本一块毫无生气的石头，经雕刻家的努力，就成了一幅活灵活现的生活图景。首先，兄妹二人是"活"的。二人全神贯注，略有所思，哥哥一手紧握书的下角，一手放于书上，食指微伸，其余四指自然半卷，手指的动作与表情配合得恰到好处，表现了小哥哥正在耐心地给妹妹讲书中的内容；妹妹则一手亲切地搭在哥哥的肩上，一手擎着书角，食指上抬，四指半卷，整个身体微微

❷ 书本左侧刻有"万年青"，右侧刻有"祖国万岁"字样

前倾，表现了妹妹正在认真地倾听。特别是兄妹二人的表情刻画，既生动又传神。其次，兄妹二人所乘的叶形小船，船上有翠竹，船边嬉戏打闹的三只小鸭以及在微风中轻浮摇摆的荷叶，船下随风起伏的浪花，都是"活"的。尤其是那三只生动可爱的小鸭子，围着小船，追逐打闹，其中，一只小鸭子调皮地叼住了书角，另一只则咬着荷叶形的船角。几只小鸭子嬉戏场面的刻画生动地再现了笔者小时候常听的儿歌"生产队里养了一群小鸭子，我每天早晨赶着它们到池塘里，小鸭子向着我嘎嘎嘎地叫。再见吧，小鸭子我要上学了。再见吧，小鸭子我要上学了"所描述的轻松、欢乐的图景。最后，这件玉雕的木座是"活"的。该玉雕的木座由上好的红酸枝木雕刻而成，制作年代与玉雕为同一时期，主要也采用了圆雕、浮雕、镂雕、透雕等技法。木座的主体为一片较大的荷叶，漂浮于翻滚的碧浪之上，荷叶的四周雕有四朵小型的荷叶。最为精巧的是，荷叶的中间有两个自然打开的孔洞，孔洞中枝蔓正从荷叶的底

㉕《兄妹》玉雕的木制底座

部缓缓地伸展出来,将这件木制的底座变成了具有无限生机与活力的艺术精品,并完美地和座上的玉雕融为一体。

这件玉雕从工艺的角度看,完整地呈现了岫岩玉雕的几大特点:

第一,因料施艺。根据玉石本身的料性、料色、形状等情况,最大限度地利用玉料完成艺术设计和雕刻制作。

第二,剜脏去绺。脏、绺会影响玉器的审美价值。绺指玉石中的自然裂纹,一般是因受自然力冲击或冷热变化等多种因素影响而成。剜脏是剔除玉石中的原有杂质,以突出玉石纯洁、明亮特征的技艺。剜脏可以更大限度地提升玉器的艺术性。大件玉石很难通体完美,无杂质、瑕疵和裂纹,如何根据玉料的杂质分布情况尽能剜脏、尽力用料,体现了加工者的技术和艺术才能。

第三,化瑕为瑜。根据玉料的瑕疵情况,变废为宝,巧用废料和俏色,使创作更具灵性。岫玉丰富的颜色和玉质为巧用俏色提供了良好的基础,亦使岫玉制品更加精美。

第四,运用内雕,即在一块玉料上分层雕刻,一般分为里外两层或三层,这充分体现了中国玉雕的高超技艺。

岫岩玉雕工艺的长期发展和积淀,使玉器制作工艺与中国文化深度结合,形成了独具特色和别具一格的中国工艺形式。岫岩玉雕工艺文化以雄浑、大气、豪放的北方文化为底蕴,融合细腻、玲珑、精致的南方风格,形成了并蓄南北的文化特征。岫岩玉雕艺术风格的形成是中国历史与现实的结合,在实践发展中日臻完美。

毓文馆藏的这件岫岩玉雕制作的时间正是毓文复校后的第二年。除其自身具有的雕刻工艺价值外,还具有以下三方面价值:

一是历史价值。毓文馆藏岫岩玉雕体现了人民对于社会主义建设的热情和对祖国的热爱与讴歌,同时还展现了轻松活泼的教育氛围。

二是艺术价值。毓文馆藏岫岩玉雕既展现了素活玉雕的艺术风格——因料施艺、废料巧作,也展示了素活玉雕工艺的精湛和对真善美的艺术追求,且审美价值较高。同时,也反映了吉林地区多民族文化汇聚的文化艺术传统和价值。

三是科学价值。我们从毓文馆藏岫岩玉雕的工艺技术呈现可以看出当时的科学技术水平和极具时代特征的整体艺术构思特色，还可以看出一个时代的信仰、文化和追求。

第三章 藏品种类

第十二节 徽 章

徽章主要用于佩戴，用以标示或表达身份、职业、荣誉、信仰、志趣爱好等。早在原始社会时期就已出现徽章的雏形，比如当时的氏族用以标示部落的标志。世界上最早提及徽章的文献资料是中国的《战国策》，其"齐策一"中写道："秦假道韩、魏以攻齐，齐威王使章子将而应之……章子变其徽章，以杂秦军。"但此处的"徽章"与今义有别，实指"旗帜"。宋代，"徽章"开始具有如今之义。据载，宋太宗太平兴国三年（978年），时人李飞熊冒充使者盗马作乱。为防止类似问题再次出现，宋政府为使者设计、制作、发放使者银牌，入朝晋见或执行公务时必须佩戴，以标识身份和权力职责。金代女真人外派使者出访，贵者佩金牌，称"金牌郎君"，次者佩银牌，称"银牌郎君"。此外，古代虎符、鱼符、腰牌等也具备表征身份、职权的徽章功能。

古代徽章种类繁多，按照不同的分类方法可以划分为不同的种类，如果按佩戴位置划分，可分为帽徽、领章、肩章、胸牌等；如果按照用途划分，可分为奖章、勋章、纪念章、功德牌、像章、佛牌、神牌、赏牌等。其中，奖章是流通时间最长、范围最广、社会意义最大的标识，常以贵金属塑造其底盘形状，其上镶嵌装饰宝石、珍珠，以其形制、图案、色彩、搭配等来表达一定寓意，用于记录和彰显功勋、荣誉或身份地位等。在中国，奖章形制源于秦汉时期奖励、升迁、封爵、立侯等相关联的制度。如公元前200年，汉高帝白登之围（位于今山西大同平城）采用陈平之计解围。翌年，为奖励陈平解围之功，汉高帝为其颁发金牒，其上雕刻有解围功绩和因此封侯的文字。

  清代徽章表征的意义基本与现代相同，且有文献解读。徐珂编撰的《清稗类钞》中《服饰类·徽章》写道："徽，帜也。古以旗帜为旌别，故设徽章。今谓凡可为旌别之记号者，曰徽。常用者以金银铜为之，暂用者以绸缎绫为之。"徽章发展至近代，在设计、制作、制度、理念等方面都出现了与西方接轨的趋势，体现出现代化的特征，其转型的重要标志是晚清同治到光绪年间逐渐形成定制的"双龙宝星"徽勋章。"双龙宝星"由李鸿章提议，左宗棠、史致谔初创，专用于馈赠和奖励外国人。后由曾纪泽改革，明确了形制、工艺、等级、规则、用途等制度。"双龙宝星"是中国晚清政府在与西方交往的过程中，顺应现实形势发展需要，结合中西文化而设计创制的，也是洋务运动和中国现代化的一个缩影。宝星徽章是中国现代工艺制作徽章的开始，在徽章史上颇具代表性。此后，各职业、部门、团体、活动等为表征、标示和加强共同体特征、价值、追求和共同体认同等，皆创制徽章并鼓励佩戴，现代意义的徽章和徽章文化发展起来。

  徽章制作的材质十分广泛，有金、银、铜、铁、铝、玉、珐琅、不锈钢及其他合金材料等，制作工艺也十分复杂，一般有冲压、压铸、液压、腐蚀、雕刻、镶嵌、珐琅（景泰蓝）、仿珐琅、烤漆、滴胶、印刷等，其中冲压和压铸比较常见。徽章的材质一般分为锌合金、铜、不锈

㉖ 毓文帽徽

❷⓻ 景泰蓝毓文校徽

钢、铁、纯银、纯金等。吉林毓文中学共收藏各类徽章35枚，制作和颁发时间有清代、民国初年、国共两党合作时期、红军长征时期、抗战时期、解放战争时期和新中国成立后等7个时段。馆藏徽章的形状有长方形、圆形、椭圆形、五角形、盾形等。其中较为珍贵的有4枚，分别是民国"景泰蓝毓文校徽"、民国"景泰蓝毓文帽徽"、民国"银制东北抗联纪念章"和民国"银制马相伯寿辰纪念章"。

"银制马相伯寿辰纪念章"意义非凡。吉林毓文中学由素有"中国近代民办教育之父"之称的著名教育家张伯苓亲临选址所建，而马相伯先生则是与张伯苓齐名的另一位近代著名教育家。在中国近代教育史上素有"南马北张"之说，"北张"指的是天津的张伯苓，"南马"指的就是上海的马相伯。马相伯（1840—1939），原名马志德，祖籍江苏丹阳，生于丹阳马家村，中国著名教育家，震旦大学、复旦大学、复旦中学、向明中学创始人兼首任校长，知名爱国人士。培养出大量人才，如杰出教育家蔡元培，民国高官于右任、邵力子，等等。马相伯先生一生致力于教育事业，希望通过教育救中国于危亡，通过教育改变中国落后的状况。马相伯早期跟随李鸿章，参与外交和洋务运动，曾远赴日、美、法、意等国，在比较中认识到近代国家富强的出路在于倡科学、办实业。然而上书献策却未被采纳。光绪二十五年（1899年），

❷⓼ 民国银制马相伯寿辰纪念章

马相伯辞官赴上海潜心研究学术，并致力于译著，其间助其弟马建忠著《马氏文通》。他深感"自强之道，以作育人材为本；救才之道，尤宜以设立学堂为先"①，遂于光绪二十六年（1900年）八月捐尽家产兴办学校，并创办"中西大学堂"基金用作学生助学金。马相伯有一句名言："救国不忘读书，读书不忘救国"②，可见其爱国之深、为学之切。国民党元老邵力子评价马相伯的精神为"正是我们中华民族的精神"③。因马相伯先生高尚的人格魅力和其在人们心目中的崇高地位，所以在其生日时人们专门为其制作了银制寿辰纪念章，以示尊敬之情。

㉙ 马相伯

徽章是浓缩的历史，是荣光的纪念。它们融绘画、书法、雕刻、刺绣等艺术于一体，集模压、烧瓷、烤漆、镶嵌、鎏金、珐琅等工艺于一身，个个弥足珍贵。就如毓文中学馆藏的这枚民国银制马相伯寿辰纪念章，不仅材质贵重、雕刻细致，且存世稀少，就其背后为纪念大教育家马相伯先生而制成的事实本身就使其具有极高的文化价值、史料价值、文物价值和收藏价值。

---

① 邵盈午.柳亚子诗全注全解.哈尔滨：北方文艺出版社，2019：271.
② 周简段.神州轶闻录.北京：新星出版社，2017：362.
③ 郑贞铭，丁士轩.大师巨匠：下.北京：北京联合出版公司，2019：533.

第十三节 绘 画

毓文中学馆藏的绘画作品共有45幅，包括油画、版画、国画、水彩画等。最为著名的有朝鲜人民艺术家郑英万的油画、我国著名国画家袁武的国画和已故著名国画家贾成森的国画等。

油画是源于欧洲的绘画种类。绘画者用亚麻仁油、罂粟油、核桃油等速干性的植物油调和颜料，在亚麻布、纸板或木板上作画。作画时使用挥发性的松节油和干性的亚麻仁油等稀释剂，帮助颜料附着后干燥，并长期保持画面的光泽。凭借颜料的遮盖力和透明性能较充分地表现描绘对象，且色彩丰富、立体感强。

版画是使用专业刀具或化学品等雕刻或腐蚀版面后再拓印于纸上的画种。版画根据版面材质可分为木版、石版、铜版、锌版、麻胶版等。

国画是中国传统的绘画形式，起源于汉代，用毛笔蘸水、墨、彩作画于绢、帛等丝织品上。造纸术成熟后人们逐渐作画于宣纸，画作完成后常装裱成卷轴画。国画题材包括人物画、山水画、花鸟画等。国画技法可分为具象和写意。其中，写意画是中国画中影响最大、流传最广的画法，融诗书画印于一体，追求"以形写神""以神写意""得意忘形"。国画体现了中国人对自然、社会及与之相关联的政治、哲学、宗教、道德、文艺等方面的认知。

朝鲜油画是毓文中学重要的绘画藏品种类之一，也是毓文广大师生喜爱的艺术佳品。朝鲜油画最大的特点是朴素、真实、不做作，具有回归自然、返璞归真的风格，其独特的情感演绎和浓郁的民族风情展现了朝鲜人民的和平愿望和宁静心态。朝鲜油画被称为世界艺术品市场上最后一块神秘的待开发的处女地和宝藏。朝鲜历史主题油画作品以宏大的英雄主义叙事风格展现了国家的历史风貌。人物题材的油画创作描绘了朝鲜人民朴实的生活，歌颂了朝鲜人民积极乐观的生活和人生态度。从朝鲜油画中我们能够看到一种最贴近心灵的真实与感悟的回归。

毓文中学馆藏的《山上的朝霞》就是朝鲜油画中最具代表性的作品之一，作者是朝鲜最著名的油画大师郑英万（1938—1999）。郑英万，1938年12月5日出生于朝鲜江原道元山市明石洞一户平民家庭。1955年考入平壤美术大学，毕业后工作于朝鲜美术家同盟江原道委员会。这一时期他的画法独特，创作出《江线的晚霞》等一大批代表性作品，是一位高产画家。1978年担任万寿台美术创作社朝鲜画创作室室长，1989年升任万寿台创作室副社长，1990年又升任朝鲜美术家同盟中央委员会委员长。此后多次参加日本和平美术展览会，参展作品达80多幅。1998年4月郑英万在日本举办个人展览。郑英万的作品极具艺术魅力和艺术价值，在朝鲜艺术史上占有重要地位。毓文中学馆藏的《白头山上的朝霞》，构图精巧，形象独特，笔触阔达，色彩浓烈，抒发胸臆，情感深沉，画作仿佛注入了天地间的灵气，空灵隽秀。

吉林走出去的著名国画家袁武专门作画赠予毓文中学。袁武，1959年出生于吉林省吉林市，本科毕业于东北师范大学艺术系，硕士毕业于中央美术学院国画系。历任解放军艺术学院美术系副主任、教授，北京画院常务副院长、执行院长；现为中国美术家协会理事、中国画艺术委员会副主任、国家画院研究员，享受国务院政府特殊津贴。袁武是笔者最为喜欢和尊敬的当代著名国画大家之一，主要原因有以下四点：一是袁武先生的绘画作品所折射出的精神魅力，二是袁武先生的人格魅力，三是袁武先生作品本身独有的艺术魅力，四是袁武先生追求"大我"的上进和不忘"小我"的"乡情"。每次欣赏袁武先生的作品，给我的最大感受就是画里有"话",有直抒胸臆的"话",如1999年创作的《观沧海》;有寓意深远的"话",如2013年画的《大昭寺的清晨》;有寄情山水的"话",如2011年画的《在朱耷山水上耕种》;更有乡愁满满的"话",如1995年创作的《小村,又一个秋日》;还有寂寥孤独的"话",如2020年画的《齐白石先生小像》;等等。但无论何种题材,运用何种技法,在其作品中我总能感受到"敬畏天道,敬畏人心"的人之根本,这亦是我心之所向。

谈及袁武先生的人格魅力,作为先生的同乡,笔者更是有话要说。朋友口中的先生是个有名的孝子,虽常年漂泊在外,但无论多忙,每临重要节日及母亲生辰,必放下手头一切巨细事宜返乡省亲,这也使其成为七位子女中最受母亲喜爱的一个。这在袁武先生2004年的画作《母亲看我画小平》和其散文《两代人的崇敬》中可证其详。先生之于师长、友人亦情深义重,如其散文《怀念师傅陈侃大》《能如婴乎——怀

㉚《观沧海》

㉛《大昭寺的清晨》

念老师周昔非先生》，字里行间，均渗透着浓情厚谊。

　　关于袁武先生作品的艺术魅力，我自无须多言，他有着一串串闪亮的头衔和"汗牛充栋"的奖状和证书。我只是觉得，在先生的水墨世界中，他所关切的人是具体而鲜活的，不是我们传统现实主义观念中那种"概念性"的"典型"和"模板"。他的所有作品，都是以最朴素的人类视野，勾画你我内心最特殊的意向，这也是其在长年的艺术坚持与不断积淀的水墨韵律中所练就出来的用最简单而雄健的艺术语言，抓住人瞬间情绪、社会身份与精神特质的高超才能。这使他的当代艺术"创作"能够用最纯粹的方法达到最精确的艺术效果与表现，从而使其艺术形态和内涵与我国文化有机地相互融合，从而呈现出浓郁的时代意识与美学特征。此外，我始终觉得，袁武先生是个一直在思考、一直在行走的"行者""觉者""智者"，他懂"舍得"，能"放下"，能在纷纷攘攘中静悟禅趣。为了追求人生的"大我"和艺术上的"真我"，他少年迷画、青年学画、中年绘画，到现在"悟画"，从开始的"爱好"到为了"碎银几两"，再到"以画养家"，直到"感受了半生薄凉"，他终于在艺

第三章　藏品种类

术上"修成正果"。同时，袁武先生是个有情怀有担当的艺术大家。按先生现在的地位，他完全可以"不问来路"，与家乡"相忘于江湖"。但他没有，他先后出资数百万元为家乡学子设立了"袁武奖学金"，以支持那些金榜得中、学有所优的寒门子弟顺利完成学业。特别是2021年6月，他再次慷慨解囊，向吉林市政府捐献了114幅价值数千万元的珍贵画作。据袁武先生讲，他曾于20世纪90年代初期在毓文中学关东画廊售卖过作品，只为"换些酒钱"。或许，这捐赠本身亦包含着对那段"激情燃烧的岁月"的追忆与感怀吧！

㉜《在朱耷山水上耕种》

第十四节 雕　　塑

雕刻，又称雕塑，是雕、刻、塑三者创制方式的统称，是指为了美化环境或用于纪念而雕刻塑造的带有某种意义、符号或象形特征的景观物品和纪念物。雕塑可以使用各种高可塑性材质（如石膏、树脂、黏土等）以及可雕、可刻的坚硬材质（如木料、石料、金属、玉块、铝、玻璃钢、砂岩、铜等）的材料，创造出立体可视、可触的艺术形象，来表达创作者的审美感受、审美理想，反映社会生活和时代风貌。

校园雕塑作品在校园文化建设中并不少见，但凡注重文化建设的校园都可塑制。校园雕塑是展现学校文化的载体和重要媒介，能够有效反映学校的精神风貌和学校文化建设水平。校园雕塑的教育功能体现在多个方面：

第一，它能够对学生的价值判断产生影响。比如，有些好的名人头像雕塑，本身就是一种导向，能够很好地与时代精神融合，并反映传统的伦理道德和价值取向。

第二，校园雕塑作为学校的精神载体，可以很好地展现学校精神。

第三，校园雕塑的"共情"效果明显。校园雕塑的设计往往指向信仰和道德的塑造，力求实现学生对道德原则、规范和价值追求上的共鸣，帮助学生树立道德理想和实现道德的自我建构。校园雕塑有利于塑造学校文化环境和氛围，起到对学生道德潜化的作用。

第四，校园雕塑本身具有极高的科学价值。不同的校园雕塑可能采用不同的制作材质，不同的材质本身就具有不同的科学和研究价值。

第五，校园雕塑还具有美学上的重要意义。每一件校园雕塑都是一件精美的艺术品，有些还出自大师之手，因此，校园雕塑本身美学上的功用和意义也十分显著。

基于以上考量，2017年3月，时值吉林毓文中学百年校庆之际，我组织制作了用锻铜（紫铜）塑制的毓文三杰铜像、革命英雄组像、吉林毓文中学百年文化长廊壁画。这三组雕塑重点表达的主题为"薪火相传"，其中毓文三杰铜像重点要表达的是毓文泽乡济世的办学精神的薪火相传，革命英雄组像重点表达的是毓文红色基因的薪火相传，吉林毓文中学百年文化长廊壁画重点表达的是毓文百年文化传承的薪火相传。

一、毓文三杰铜像

陈独秀在《我之爱国主义》中说道："欲图根本之救亡，所需乎国民性质行为之改善。"深受新文化运动影响的南开学子韩梓飑、张云责、李光汉等人决定在吉林创办新式学校，于是张伯苓先生与于慕忱先生等人向吉林官产处处长莫德惠呈领吉林迎恩门里官运胡同官钱局旧址为校址。1917年3月，私立吉林毓文中学正式开学，首任校长韩梓飑及张云责、李光汉等人为毓文中学的建立可谓殚精竭虑、呕心沥血。为纪念三人之杰出贡献，时值吉林毓文百年校庆（2017年5月5日）之际，笔者倡议并邀请北华大学美术学院教授陈建勋先生设计、塑制了"毓文三杰"的雕像，立于毓文中学旧址门左，并立铭为证："峥嵘岁月，沧桑百年；有校毓文，司铎吉林。一百多年前，南开校长张伯苓亲临此地，观瞻选址；南开学子韩梓飑、李光汉、张云责等人奔走筹措，始建此校。为缅怀先贤，以育后人，特塑'毓文三杰'之铜像于此。"

㉝ 毓文三杰铜像

毓文三杰

峥嵘岁月，沧桑百年；有校毓文，司铎吉林。一百年前，南开校长张伯苓亲临此地，观瞻选址；南开学子韩梓飏、李光汉、张云责等人奔走筹措，始建此校。为缅怀先贤，以育后人，特塑"毓文三杰"之铜像于此。

韩梓飏（1891-1972），字迺赓，吉林省双城县人，吉林省议会副议长，私立吉林毓文中学校主要创办者。

李光汉（1890-1936），名铭勋，字光汉，吉林省榆树县人，吉林省议会议员，私立吉林毓文中学校创办者之一。

张云责（1891-1931），原名张清岱，吉林省榆树县人；吉林省新文化运动主将，马克思主义思想传播者，私立吉林毓文中学校创办者之一。

2017年5月5日陈建勋塑

㉞ 毓文三杰简介文字

第三章 藏品种类

二、革命英雄组像

　　吉林毓文中学是一所有着光荣革命传统、红色基因永续传承的学校。吉林省共产党员马骏等一批革命青年曾会聚于此，他们购买革命书籍，并广泛传阅，在青年中形成了"雪夜闭门读禁书"的读书热。他们组织"青年读书会"，学习马列主义思想，宣传十月革命道路，培养和训练了青年运动的骨干。他们利用课堂和演讲，宣传革命道理，帮助青年正确认识中国的命运和前途，正确对待自己的人生，激发他们的热情、使命感和责任感。他们把进步的青年学生组织起来，同校内外的国民党特务分子展开斗争。他们还深入工人和市民中，做广泛的宣传和发动工作。他们还多次组织和领导吉林人民进行反帝斗争。特别是马骏，作为五四运动"优秀的学生领袖之一"和东北最早从事革命活动的共产党员，其领导的吉林五卅运动是吉林人民第一次在中国共产党领导下进行的规模最大、时间最长的反帝爱国斗争。

㉟ 革命英雄组像

㊱ 马骏像瓷盘

  由于这些仁人志士的崇高思想和伟大的斗争实践，毓文成了吉林新文化运动的策源地，成了共产党人在吉林活动的重要基地，成了吉林人民进行爱国斗争的中心。为更好地纪念那些从毓文中学走出去的革命先烈，传承好他们的红色基因，学校在百年校庆之际邀请毓文校友姜泽塑制了革命英雄组像，包括吉林第一位共产党员马骏、东北抗联英雄赵尚志、东北抗联创始人之一纪儒林、"镜泊英雄"陈翰章。

三、吉林毓文中学百年文化长廊壁画

  吉林毓文中学百年文化长廊壁画选取学校建校、日伪、抗战胜利、学校复名等四个较有代表性的时期为内容设计而成。壁画中间上部是建校时期，表现了李光汉、松毓等人在毓文中学成立的地方官钱局旧址合影（创作）的场景。背景采用旧址、毓文校旗、校徽等元素。左上表现毓文中学支持五四运动的场景和成立读书会的场景。左下是1935年李光汉等人被捕，毓文被封校，毓文人奔赴长城内外抗日的场景。右上是1947年毓文召开校友大会决定恢复办学的场景以及校歌。右下为1964年毓文再次恢复校名及学生入学的场景。在壁画的构图线上刻有毓文重大事件和日期，如"建校时间""5·5"校庆日等。为使此壁画更具时

第三章 藏品种类

代特征及传承意义，更加凸显"薪火相传"之本义，笔者特意邀请了吉林毓文中学清华美术班毕业的校友姜泽①设计并制作了此壁画，以使毓文精神代代相传。

四、吉林毓文中学旧址纪念碑

吉林毓文中学旧址于1999年被评为省级文物保护单位，以示纪念。学校制作了吉林毓文中学旧址纪念碑，立于旧址正门右侧，正面碑额为郑鹏飞所书，背面碑文为我校教师廖维宇所写，铭文曰：一九一七，毓文肇年，仁人志士，救国树楠，革新文化，思想先鞭。双五校诞，学运策源，光汉鼎盛，成绩卓然，成柱尊位，学子粲粲。日寇蹂躏，三五惟难，浩然正气，彪炳人寰，友谊日进，读书为念。六四复名，历史新篇，几经葺缮，旧制增观。欣逢盛世，霁月光天，郁乎文者，钟灵永蕃。

---

① 姜泽，1987年9月18日出生于吉林省吉林市，2003年就读于吉林毓文中学清华美术班，2006年考入中央美术学院公共艺术专业，获学士学位。2017年赴英国卡迪夫大学，获硕士学位。归国后就职于北京城建设计发展集团下的北京城建勘测设计研究院，并任设计中心总工程师，先后参与完成180多项景观设计及城市设计项目，包括政府委托公建、商业综合体、住宅、景观广场、公园等，其作品多次获奖。

㊲ 吉林毓文中学百年文化长廊壁画

五、青春雕像

　　青春雕像由水泥浇筑而成，外涂白漆，主体为两个少女，其中，一人为汉族，一人为朝鲜族。雕像整体设计精美，刻画细致，面部表情生动，肢体语言丰富，生动展示了青春少女乐观靓丽的美好形象和积极向上的时代风貌。为了探究此雕像的"前世今生"，笔者颇费了一番周折。该像原立于毓文中学旧楼旁的"小憩园"内，常年与园内的石桌和石凳为伴，后来由于旧楼改造，此像被移到毓文旧址门前。几十个春夏秋冬，寒来暑往，该像始终驻足于此，默默地守护、见证着这座百年学府的兴衰。

　　在毓文中学建校105周年时，笔者在整理、考证毓文旧藏及相关文物的过程中发现该像竟无任何相关注述与记载，翻遍毓文馆藏史料，也无该像的只言片语。于是笔者开始寻访毓文退休的老领导、老教师和老同志，以期了解该像的具体细节，但他们对此像均无确切的信息与说明，只恍惚记得该像大约是在20世纪80年代左右立于毓文中学校内。

　　关于此像的来历，大致有三种说法：一种是从临江门附近一拆迁旧厂房门前或是从临江门江边废弃的城市雕塑堆中捡来的，一种是学校校庆时吉林丰满发电厂作为校庆礼物赠送的，一种是毓文20世纪七八十

❸❽ 青春雕像

毓藏 百年名校教育文物考略

年代为纪念中朝友谊请名家制作的。但具体是在什么背景下、哪位校领导负责、由谁运来、最先安放在哪里、雕像是谁制作的等一系列疑问仍待考证。综合相关信息，笔者推断：

第一，该雕像的制成年代为20世纪80年代，主要依据是该雕像的材质与制作风格。吉林市目前已知的城市及厂矿、校园雕塑的制作时间大致可以分为两个时期，即90年代之前与90年代之后。

90年代之前，吉林市作为东北老工业基地的重要城市之一，在吉林省占有重要位置。当时吉林市工业基础雄厚，化工、铁合金、碳素、水泥、半导体、发电等产业在全国赫赫有名，吉林的各项经济指标在全省也名列前茅。经济基础好，客观上为吉林文化生活水平的提升创造了必备条件。当时无论是政府，还是学校、企业，都把文化建设作为工作的重要内容。特别是在20世纪80年代，吉林的文化建设蔚然成风，兴起了一股"雕塑热"，人们的文化热情极度高涨。当时几乎所有的企业、学校和政府机关，都有精致美观的雕塑问世，或摆于院内，或置于江边，并且其中很多出自高等艺术院校的大师之手。如1985年制成的位于吉林市吉林大街南端江城广场的城市雕塑摇橹人，当时是由中央美术学院刘焕章[①]教授亲自设计并制作的。该雕塑立意深刻、新颖大方，实现了形象与抽象的完美结合，充分展示了百年江城日新月异的船厂风貌和江城人民"激流勇进"的拼搏精神。

还有笔者特别喜欢的原吉林铁合金厂门前的骏马铜雕，也是出自中央美术学院大师之手。据铜雕铭文"铸马始末"载："一九七九年中央美院傅天仇[②]等三教授来厂商定方案，次年由曹春生[③]、司徒兆光[④]二讲

---

① 刘焕章，1930年生，河北乐亭人，著名雕塑艺术大师。曾为中国美术家协会理事、中央美术学院雕塑创作研究所研究员。中学时，师从故宫篆刻名家金禹民先生学习篆刻。1956年毕业于中央美术学院雕塑研究班，并留校从事雕塑创作工作。曾参加北京展览馆、中国历史博物馆、中国军事博物馆、工人体育场及毛主席纪念堂等建筑的大型雕塑创作工作。为北京对外经济贸易大学、北京肿瘤医院、顶新（国际）集团、吉林市等设计创作大型户外雕塑或城市雕塑。还曾为叶剑英纪念馆、李苦禅纪念馆、叶浅予纪念馆等处创作人物肖像。

② 傅天仇（1920—1990），广东南海人，雕塑家、美术教育家。曾为中国美术家协会理事，全国城市雕塑艺术委员会秘书长。1942年毕业于广西桂林美术专科学校，深为校长、金石书画家马万里赏识，后随徐悲鸿入国立中央大学（重庆）艺术系学习，再转入国立艺专雕塑系学习，1945年毕业。1946年举办个人雕塑展。曾在中央戏剧学院、中国革命博物馆、中央美术学院工作。为天安门广场人民英雄纪念碑创作浮雕武昌起义，为太原晋祠艺术馆设计环境艺术方案。作品被中国美术馆收藏，著作被译为英、法、德文出版。

③ 曹春生，1937年3月生，辽宁沈阳人，满族，雕塑家，中国雕塑学会名誉会长、理事。毕业于中央美术学院，师从刘开渠教授、王临乙教授。公派赴苏联列宁格勒列宾美术学院雕塑系留学。后任教于中央美术学院。国务院授予国家级有突出贡献艺术称号。

④ 司徒兆光（1940—2020），生于中国香港，雕塑家。曾为全国城市雕塑建设指导委员会、艺术委员会委员。毕业于苏联列宁格勒列宾美术学院雕塑系，师从苏联著名雕塑家阿尼库申。任教于中央美术学院。人民币百元券四位伟人雕像作者，被英国欧罗巴出版社载入世界名人录。

㊴ 城市雕塑摇橹人

㊵ 骏马铜雕

师完成美术创作，八一年在铸马技术上得中国美协刘开渠[①]教授的赞助，八二年六月在五车间铸成，九月得赵老朴初题辞。特此铭志。一九八二年十月立。”另有赵朴初[②]先生题写的杜甫句：“所向无空阔，真堪托此

① 刘开渠（1904—1993），江苏淮北市人，雕塑家。曾为中国美术家协会副主席。毕业于北平美术学校，毕业后任杭州艺术院图书馆馆长，后赴法国巴黎国立高等美术学院雕塑系学习。曾任杭州艺术专科学校校长、杭州市副市长、中央美术学院华东分院院长、中央美术学院副院长、中国美术馆馆长等。参与创作人民英雄纪念碑：胜利渡长江、民工支前、迎接解放等雕塑，著有《刘开渠美术论文集》，出版有《刘开渠雕塑集》《刘开渠雕塑选集》等。

② 赵朴初（1907—2000），安徽太湖人，书法家，社会活动家，中国民主促进会创始人之一。曾为中国佛教协会会长，中日友好协会副会长，中国书法协会副主席，中国红十字会名誉会长，著有多部诗集。

生。"此外，铭文还有徐悲鸿①关于马的论述："马不仅形体美，它的精神更可贵。它要求人的甚少，可给予人的却很多，它无论在何种艰难困苦的情况下，都毫不动摇地勇往直前。"通过这些铭文可知，这件雕塑集合了多位美术家、书法家、雕塑家的智慧，具有极高的艺术价值、文物价值和文化价值，堪称"艺术瑰宝"。

这两件大型雕塑所使用的材质均为铜，而当时其他单位、部门所塑制的中小尺寸的雕塑均为水泥，这说明当时雕塑在材质的选择上，主要是以铜和水泥为主。而到了90年代以后，吉林市所有的雕塑在材质的选择上均以铜为主，水泥退出了历史舞台。毓文中学这尊青春雕像的制作风格符合我国20世纪80年代左右雕塑的制作风格，因此笔者推断，这尊雕像的制成年代应为20世纪80年代。

第二，关于青春雕像的原制作单位，笔者更倾向于第三种说法，即毓文中学邀请名家专门制作。这主要基于以下几点考量：首先，从青春雕像的设计主题来看，这件雕塑作品所表达的设计主题符合毓文中学的设计要求。该雕

㊶ 铜雕背面下铭志文字

㊷ 铜雕正面下文字

---

① 徐悲鸿（1895—1953），汉族，原名徐寿康，江苏宜兴市屺亭镇人。中国现代画家、美术教育家。曾留学法国学西画，归国后长期从事美术教育工作，先后任教于国立中央大学艺术系、北平大学艺术学院和北平艺专。1949年后任中央美术学院院长。擅长画人物、走兽、花鸟，主张现实主义，于传统尤推崇任伯年，强调国画改革融入西画技法，作画主张光线、造型，讲求对象的解剖结构、骨骼的准确把握，并强调作品的思想内涵，这对当时中国画坛影响甚大。与张书旗、柳子谷三人被称为画坛的"金陵三杰"。所作国画彩墨浑成，尤以奔马享名于世。

像的主体形象为汉族与朝鲜少女，她们身穿不同的民族服饰，一人搂着另一人的肩膀，一人搂着另一人的腰肢，另外两只手均指向前方，除表现青春少女的朝气外，更寓意着比肩并进、携手向前，代表着中国与朝鲜亲密无间的传统友谊与共同进步、携手迈向未来的美好愿景。朝鲜原国家主席金日成是毓文的校友，因此，毓文中学是中朝传统友谊的桥梁和纽带，这种特殊的政治象征符合这尊雕塑作品的表现主题，因此，雕塑本身符合毓文要求。其次，据《吉林市志》等相关文献记载，吉林市临江门岸边及附近工厂所塑的雕塑中并无类似题材的雕塑记载，并且水泥制作的雕塑本身就没有铜制的结实，如果是捡来的，品相应该早已"支离破碎"，且水泥制作的材料也不够"贵重"，因此前两种说法笔者认为可能性不大。最后，据毓文中学多位老教师回忆，这尊青春雕像最初是立于学校旧楼旁的"小憩园"内，约90年代移到了毓文旧址前。而毓文旧楼始建于1964年，2012年因建筑结构和质量出现严重问题而进行了拆除重建。旧楼旁的"小憩园"存在了几十年，所以这尊雕像很有可能也已经在"小憩园"摆放了几十年，直到90年代才被移到毓文旧址前。即使真是捡来的，也很有可能是此尊雕像本属毓文，后几经周折又复归的。

第三，关于青春雕像的作者。据学校原后勤主任卞树明回忆，此尊雕像是由中央美术学院的三位老师设计制作的。但笔者在学校史料中并未找到相关记载。另据吉林市著名雕塑家岳德水先生考证，毓文中学雕像是20世纪80年代制成，制作者为中央美术学院雕塑系教授张德华[①]、史美英[②]、

---

① 张德华(1931—2005)，生于山东青岛，女雕塑家。曾为中国美术家协会会员，中国国际友人研究会理事，北京女艺术家联谊会副会长。中央美术学院雕塑研究班毕业后留校工作，作品被中国美术馆、中国历史博物馆、法国博物馆等收藏。1990年被收入英国剑桥国际名人录。

② 史美英(1933—)，北京人，女雕塑家。1955年中央美术学院研究生毕业后进入苏联专家克林杜霍夫雕塑训练班学习，后工作于中央美术学院雕塑创作研究所。代表作品有《唱给爷爷听》《想一想》《抬豆子》等。

陈桂轮[①]三人，这与学校退休后勤主任卞树明的回忆相一致。据《吉林市志》记载：20世纪80年代，吉林市为加强城市文化建设，曾邀请中央美术学院雕塑系老师为吉林市城市、厂矿、学校等设计制作了一批艺术价值极高的雕塑作品。从毓文中学雕像的设计和制作风格来看，该雕像十分符合中央美术学院张德华、史美英、陈桂轮等老师的设计和制作风格。当时，从国家艺术教育的角度看，全国雕塑人才不足，吉林省内几乎没有雕塑艺术人才，东北师范大学、吉林艺术学院等高等艺术院校专门研究雕塑的院系甚至还没有成立，所以全国雕塑类艺术人才主要集中在北京的中央美术学院，这也解释了为什么当时吉林的雕塑很多都出自中央美术学院老师之手。综上，这尊青春雕像的制成时间应为20世纪80年代，制作者应为中央美术学院的张德华、史美英、陈桂轮三位教授。

---

① 陈桂轮(1935—)，生于中国香港，女雕塑家。1960年毕业于中央美术学院雕塑系。后工作于南京艺术学院、中央美术学院等。曾获联合国科教文奖学金赴意大利、法国学习考察。作品曾被中国美术馆收藏，许多作品被多国国际友人收藏。

第十五节　动物标本

　　动物标本是指在动物死后，对动物整体或部分进行制作处理，以其自身的颜色、大小、形态等通过浸制、干制等方法，制作出与实际动物相同的物体。1974年5月朝鲜代表团访问毓文时曾赠送我校狍子、松雀鹰、猫头鹰、水獭等4件标本，它们具有极高的科学研究价值，更是中朝友好关系的历史见证。

　　动物标本是校园文化的重要组成部分，它们能引起学生浓厚的兴趣，能使学生更加直观和深入地了解动物，同时能够有效保存动物资源的多样性。动物标本对学生认识和研究生物体系及动物与环境、人类间的关系有着重要作用，如通过对狍子、松雀鹰、猫头鹰、水獭等动物标本的观察与学习，学生了解到它们的生长习性与生存环境，如狍子、松雀鹰栖息在落叶阔叶林、针阔叶混交林以及森林草原附近，水獭喜欢生活在两岸林木繁茂的溪河地带，进而学生能够推测出我国东北地区与朝鲜半岛接壤处，属温带季风气候，多落叶阔叶林和针阔叶混交林，森林覆盖率高，河流众多，水源充足。学生从不同的时空视角出发，认识地理要素的相互作用及其对生物产生的影响，进而理解人类生存环境的多样性、综合性和系统性。

　　在研究动物标本的过程中，同学们也可以尝试研究动物标本的制作过程，进而培养学生发现问题、分析问题和解决问题的能力，提升学生的行动能力、劳动意识和吃苦耐劳的精神。研究和制作动物标本可以为学生创设实践情境，帮助学生在真实的情境中观察和感悟环境与人类活动的关系，激发学生学习兴趣，增强学生生态意识和社会责任感，培养创新人才。

狍子、松雀鹰、猫头鹰、水獭都属于国家二级保护动物，是国家重点保护的珍贵、濒危野生动物。这能引发学生深度思考人口、资源、环境和发展问题，认识尊重自然规律、协调人类活动与地理环境之间的关系的重要意义，形成科学的人地协调观，推动生态环境高质量发展，使学生自觉成为和谐世界的建设者。

一、狍子

狍子是分布于中国、哈萨克斯坦、朝鲜民主主义人民共和国、韩国、蒙古、俄罗斯联邦的一种食草动物，在我国主要分布于东北、西北、华北和内蒙古等地的稀疏的树林中，是东北地区常见的野生动物之一，体长一般约 1.2 米，高 0.67～0.78 米，尾长较短，仅为 2～3 厘米，体重 15～30 千克。狍子是人们比较喜爱的一种动物，毛色草黄，尾根下或生白毛，颈部细长，眼睛和耳朵相对较大。雄性头有角，分成三叉，雌性无角。狍子依赖性很强，雌雄常共同活动，冬季雄狍与二、三雌狍及幼崽共同生活。狍子领地意识极强，雄狍用角剥开树皮留下前额臭腺分泌物标记领地。狍子的经济价值较高，已被列入中国《国家保护的有益的或者有重要经济、科学研究价值的陆生野生动物名录》。

④ 狍子标本

第三章　藏品种类

笔者小学读过的课本中有篇文章《可爱的草塘》中就有这样一句谚语："棒打狍子瓢舀鱼，野鸡飞到饭锅里"，生动形象地形容了东北自然资源的丰富。

二、松雀鹰

毓文中学收藏的动物标本中有一件飞禽类标本，名曰松雀鹰。

松雀鹰在我国主要分布在内蒙古、陕西、辽宁、吉林、黑龙江以及南部的西藏、四川、云南、广西、广东、福建、台湾等省区，其长相与海东青十分相似，是一种小型猛禽，体长28～38厘米。雄性与雌性性状差异较大，雄鸟大多上体呈黑灰色，喉整体白色中间一条粗阔黑纹，下体白色或灰白，间杂褐色或棕红斑纹，鸟尾间4条暗色横斑纹。而雌鸟体大，上体多为暗褐色，下体白色间杂暗褐色或赤棕褐色横斑纹。

松雀鹰是一种十分有趣的鸟类，雏鸟饥饿时的哭叫声很容易暴露其行踪。但松雀鹰非常机警，反应迅速，常站于树林边缘高大枯树顶枝上等待和偷袭经过的小鸟，一旦发现猎物，会迅速捕捉。松雀鹰除了以小鸟为食外，有时也捕杀鹌鹑等中小型鸟，间食蜥蜴、蝗虫、蚱蜢、甲虫或小型鼠类。

松雀鹰属国家二级保护动物，已被列入《国家重点保护野生动物名录》。

㊹ 松雀鹰标本

三、猫头鹰

鸮形目中的鸟被叫作猫头鹰（也作枭"xiāo"、鸮"xiāo"），别名神猫鹰，目前总数超过130多种，分布广泛，除南极洲以外各大洲皆有分布。猫头鹰其羽毛多为褐色，散缀细斑，稠密而松软，翅形不一，一般短圆，飞行时无声。头部宽大，嘴短粗前钩，头部正面羽毛呈面盘状排列。眼睛位于面部正前方，视区重叠，分辨距离，有深度感知能力，在光线暗淡环境下尤为突出，能见度高出人百倍以上。眼部有3张眼睑，上眼睑会于眨眼时放下，下眼睑会于睡觉时盖上，而中眼睑可上下移动清洁眼面。因双目分布状况及其面盘和耳羽组合起来使其头部与猫相像，故俗称猫头鹰。猫头鹰眼睛无法转动，因此脖颈灵活，转动自如，且为扩大视野需不停转动头部，活动范围可达270度。左耳鼓发达，左耳道宽阔于右耳道，听觉神经发达，神经细胞数倍于乌鸦。猫头鹰是恒温动物，大部分品种属夜行肉食。雌鸟体形大于雄鸟，卵需逐个孵化。

㊺ 猫头鹰标本

四、水獭

水獭为鼬科、水獭属动物，分布范围极广，亚非欧皆有踪迹。水獭躯体长560～800毫米，尾长300～400毫米，毛长而致密，背部为咖啡色，油亮有光泽，腹面毛色灰褐，绒毛基部灰白，绒面呈咖啡色。水獭额部较长，脑室宽大，吻部粗短，眼睛稍突而圆，眶间狭窄，眶后呈

④ 水獭标本

"V"形颞嵴。成年水獭鼻骨骨缝明显，门齿三对，排成横列，外侧一对比内侧两对门齿大。耳小肢短。多穴居，除交配期外昼伏夜出，单独生活，善游泳、潜水，听觉、视觉、嗅觉敏锐，杂食，四季都能交配，每胎产仔1~5个，主要栖息于河流和湖泊地区，尤喜两岸有茂林的溪河地带，常入水捕鱼，靠近海岸的一些小岛屿也有水獭分布。

第十六节 乐　　器

乐器是人类智慧的结晶，是人们文化艺术生活的重要载体和主要工具。从劳动创造人类起，乐器和音乐就一直伴随着人类。据考证，我们的祖先很早就开始用乐器来表达思想感情了。原始社会时，虽然生产力水平低，但人们在劳动中丰富和发展起来的娱乐生活却在不断地丰富和发展。在狩猎之余，人们常常敲打石片、吹奏牛角和弹拨弓弦来为集体舞蹈伴奏，后来又用陶土做成小型有孔吹奏乐器，还以兽皮罩于空心枯木用来击打发出带有节奏的声音，在娱乐的同时造就了最早的乐器磬、埙和鼓等。

至商代时，乐器已经发展出十几种，其中编钟和编磬三枚一组，而且制作工艺达到了较高的水准。大约从西周开始，我国中原地区出现了根据制作材料划分的"八音"乐器分类法（金、石、土、革、丝、木、匏、竹八类），进一步促进了乐器的发展和创新，当时见载于文献的乐器已有 70 多种，这其中就包括弹弦乐器琴、瑟等。春秋战国时期，我国的乐器文化已经高度发达，湖北随县曾侯乙墓出土了 8 种 124 件古代乐器，被誉为"古代地下音乐厅"。秦汉、三国、两晋和南北朝时期，我国的乐器文化进一步发展，特别是丝绸之路的开通，使乐器文化的交流变得更加广泛，东西方乐器文化开始融合。这一时期出现的乐器有箜篌、曲项琵琶、五弦琵琶、觱篥、方响、锣、钹、星、羯鼓、腰鼓和达卜等。到了隋唐五代时期，长安成为世界名都及亚洲文化艺术中心，这为乐器的发展注入了新的生机与活力，各种乐器更是数不胜数。据《乐府杂录》记载，唐代乐器已达300多种，如日本的正仓院就收藏有中国唐代时期的古琴、琵琶等多件精美绝伦的乐器。到了宋元明清时期，随着歌舞音乐的成熟、说唱音乐的兴起和戏曲艺术的形成与发展，我国人民在长期的艺术探索和实践中，结合民族的特点和喜好，继续创造和发展乐器，三弦、二胡、板胡、云锣、京胡、坠胡等相继出现。现代社会以来，国家高度重视音乐的传承与发展，特别是对乐器的创新与改良，先后投入了大量的物力与财力，并积极鼓励专门的工厂、文物机构和大中小学校采取相应的措施做好乐器的保护与传承工作。吉林毓文中学多年来十分重视对乐器的保护与收藏，现收藏有中国的古琴、扬琴、钢琴、鼓等乐器，还收藏有朝鲜赠送的伽倻琴、玉流琴、钢琴、长鼓、长唢呐等。

一、古琴

2010年11月15日，明代晚期孔府"御书堂"乾隆御用古琴在苏州拍卖，这把世界仅存三床的"无底古琴"拍出5 800万元高价，各大媒体争相报道。12月5日，北宋徽宗御制清乾隆御铭的"松石间意"琴在北京拍卖，以1.366 4亿元成交，创古琴拍卖和乐器拍卖的世界纪录。这床"松石间意"琴是北宋宣和二年（1120年）东京[①]"官琴局"御制，有"天府奇珍"之美誉，严格按照古琴制式制作，上板梧桐、下板梓木，外涂掺有鹿角粉、朱砂、金、银细粒的大漆。此琴通体修长，形制秀美，项与腰皆作凹入半月形，相交处复作凸出半月形，池沼皆为长方形。此琴一出现，就吸引了世界各国文化、艺术爱好者的关注。在当晚的拍卖会上，价格一路攀升，最终，一床窄窄、长不过几尺、质不过木

---

① 北宋都城，今河南开封。

成的古琴拍出了如此高价。究其原因，笔者认为：

第一，源于古琴悠久的历史。乐器的制作史与人类的历史一样悠久。《琴操》记载"昔伏羲氏作琴"，这说明最晚在伏羲时，便有了古琴。

古琴，古代称琴或瑶琴，现代称古琴或七弦琴。古琴是中国民族传统文化的瑰宝，历史悠长，文献浩瀚，内涵隽永，影响深远，备受世人珍视。古琴在战国和秦汉时期就已相当盛行，为文人、士大夫所用，用以自弹自唱，抒发心意情感，或伴唱《诗经》中的大雅和小雅诗歌。先秦古琴家有师襄、孔子、师旷、伯牙等，汉代有司马相如、桓谭、刘向和蔡邕等，三国时有嵇康等。古琴在汉魏时有了琴徽，南北朝时已用文字记谱，这是世界上最早的乐谱。一床古琴，代表的不仅是音乐和文化，也代表了中国几千年的历史与文明，是人们生活的重要组成部分。

第二，源于古琴精良的材质。古琴从材质上看，并不珍贵，一般不过是桐木和梓木而已。这种"精良"主要体现在能够适合制作古琴的材质并不是普通意义上的桐木和梓木。古琴须以桐木为面、梓木为底。但适于制琴的桐木、梓木却很少。首先，制作琴面的桐木难求。桐木可分为四类：梧桐、花桐、樱桐、刺桐，可为琴者仅为梧桐。《诗经》云："树之榛栗，梧桐梓漆，爰伐琴瑟。"制琴必须用梧桐。梧桐的纹理稀疏而坚韧，其他桐均柔软而不坚韧。俚语说："新为桐，旧为铜。"制琴的梧桐需生长在空旷清幽之地，且不闻尘凡喧杂之声，生长千年以上，木液已尽，经长期风吹日晒，金石水声深入其中。由此可见宜于制琴的桐木之罕见。其次，用于制琴的底木——梓木，也必须至少生长五百年到七百年。由此可知制作良琴的难度。

第三，源于古琴严格的标准与规制。吴仪在《琴当序》中记载："伏羲之琴，一弦，长七尺二寸。"桓谭《新论》记载："神农之琴，以纯丝做弦，刻桐木为琴。至五帝时，始改为八尺六寸。虞舜改为五弦，文王、武王改为七弦。"直到现在，古琴仍为七弦。因此，琴的制式虽然是由伏羲定下的，但现代古琴的式样其实是由虞舜开始、周武王完成的。古琴式样简单，分夫子、列子两样。因为制度的关系，不准轻易改变，所以至今改易不大。即使有改变的，虽然非常精妙，但难登大雅之堂。如明代的祝海鹤，取蕉叶作为琴式，称为蕉叶琴；又有人削桐木条，用漆胶粘连，像百衲衣服，故称为百衲琴；也有人用龟纹、锦片，交错镶嵌玳瑁、象牙、香料、杂木作装饰性花纹，铺满琴体，称为宝琴。此外，还有铜琴、石琴、紫檀琴、乌木琴等，可这些由后人改制而成之琴，均失制琴之宗旨，虽美但并不被识琴者称道。

第四，源于古琴绝佳的怡情养性之功用。琴作为修德养性之器，可以导养神气、宣和情志，古代的明王君子都愿意亲近。其制材采用峄阳桐木，弦取桑丝，徽用丽水的金，轸选用昆山的玉。著于诗书，及于子史，不胜枚举。君子常佩带古琴不离于身，无故是不会丢下琴的。《遵生八笺》中说："琴为书室中雅乐，不可一日不对清音居士谈古。若无古琴，新者亦须壁悬一床，无论能操或不善操，亦当有琴。渊明云：'但得琴中趣，何劳弦上音。'吾辈业琴，不在记博，惟知琴趣，贵得其真。若亚圣操《怀古吟》，志怀贤也；《古交行》《雪窗夜话》，思尚友也。《猗兰阳春》，鼓之宣畅布和；《风入松》《御风行》，操致凉飔解愠。《潇湘水云》《雁过衡阳》，起我兴薄秋穹；《梅花三弄》《白雪操》，逸我神游玄圃。《樵歌》《渔歌》，鸣山水之闲心；《谷口引》《扣角歌》，抱烟霞之雅趣。词赋若《归去来》《赤壁赋》亦可咏怀寄兴。清夜月明，操弄一二，养性修身之道，不外是矣。岂以丝桐为悦耳计哉？"可见，琴之于人，不只自怡悦，更可解烦忧。

第五，源于人琴相合、情通古今的念想。汉代蔡邕以焦尾琴闻名于世。隋代有赵取利，唐代有雷霄、雷盛、雷威、雷班等人，都因制琴而闻名。宋代设置专门官员来管理官琴的制作，明确了官琴制度，对琴的长短、大小和形制都进行了规定，不符合规定形制的琴称为野斫。宋代的制琴名手有蔡睿、朱仁济、卫中正等。元代的制琴名手有严古清、施溪云、施谷云、施牧州等。明代有万隆、惠祥、高腾、朱致远、祝海鹤等。明朝时所制作的琴比较精良，缘于当时的士大夫们都很重视。明代还有称作樊氏琴、路氏琴的，当时被作为新琴的首选，可惜只流传下他们的姓，没有流传下他们的名字。

第六，源于古琴形体、纹饰的高贵与典雅。古琴虽然有一定的制式，大同小异，但外观上也有一些细微的不同，分为好几种不同的款式，常见的有仲尼式、伏羲氏、混沌式、落霞式、连珠式、霹雳式、蕉叶式、神农式等。此外，还有一些不算特别常见的款式，比如大鹏式、伶官式、师旷式、中和式、响泉式等。古琴以琴身上漆膜的断纹作为判断年限的依据。古琴多在保存500年后出现断纹，年代愈久则断纹愈多。最显著的裂纹有龟纹、梅花纹、蛇腹纹及羊毛纹等四种。似龟背的花纹被称为龟纹，规律明显，其琴是古琴中的最上品；似梅花的纹络被称作梅花纹，其琴是古琴中的佳品。龟纹和梅花纹多为千年古琴纹路，这两种古琴最为难得。再次之为蛇腹纹，其纹横截琴面，纹路间距约为一寸或二寸，节节相似，类似蛇腹下之花纹。羊毛纹，似毛发，纹络细密均匀，所以又称细纹，多分布于琴的两旁，而近岳处没有。四种断纹古琴在时间上都应该制作于宋以前，因此古琴纹路可以用于确证和辨伪，如元代以后的古琴若琴有上述琴纹者一定为伪造。

第七，源于人们对中华优秀传统文化的认同与热爱。一床古琴，就是一部中国传统文化的合集。比如，桐木属于阳，用来制作琴面，梓木属阴，用来制作琴底，寓意阴阳调和。琴面琴底圆、方对应，象征天圆地方。"琴宽六寸，是象征六合；长三尺六寸，象征360日周天度。琴徽有13个，以对应律吕天象中的12个月，剩下的一个象征闰月。琴弦有三节，声音自尾到中徽为浊声，自中徽至第四徽为中声，上至第一徽为清声，这与开始是黄钟而最后是应钟的编排程序相同。"[1] "琴的上部叫池，池即水，是说其平整。下部叫滨，滨就是服从的意思。古琴前宽后窄，象征尊卑。龙池八寸，象征八面来风；凤池四寸，象征四气应和；

---

[1] 传世文化.古玩图鉴·文房清供篇.北京：北京美术摄影出版社，2018：140.

腰腹四寸，效法四季气候。舜作五弦，象征五行而与五音相对。第一弦为宫，中央土；次弦为商，西方金；次弦为角，北方水；次弦为羽，东方木；次弦为徵，南方火。以此相递相生，合于四序。大弦为君，小弦为臣，以符合君臣之序。周文王后来加了一根弦，称为少宫；周武王又加了一根弦，称为少商，和前五弦和起来以象征七星。"[①] 从古琴的各部分命名可看出古琴与中国传统文化的渊源与传承，读懂了古琴，也就读懂了中国文化。

综上，一床古琴就是一座中国传统文化的博物馆，一条延续古今文明的连接线，一本记载音乐故事的笔记本，一部承载礼义规制的教科书。因此，拍出高价的古琴也就不足为奇了。特别是，中国古琴的存世量仅有2 000床左右。2006年5月20日，古琴艺术经国务院批准列入第一批国家级非物质文化遗产名录。

毓文中学馆藏的这床古琴似乎与笔者、与毓文有冥冥之中早已注定的缘分。毓文的建校时间是1917年，这床古琴的制作时间是1911年10月，恰逢改变中国历史进程的辛亥革命。从某种意义上讲，私立吉林毓文中学的成立也是辛亥革命成果的延续。毓文中学的建校人是张伯苓，而毓文建校的发起人韩梓飐、张云责和李光汉均为南开学子，当时的建校初衷就是"泽乡济世、教育救国"，可以说这种建校初衷的精神之源正是辛亥革命。因此，这床辛亥革命时期的古琴既是对毓文建校初心的写照，也是毓文人弦歌不辍奋斗精神的寄托。

这床古琴为"仲尼式"。仲尼式古琴据传是为纪念孔子而设计的，是所有古琴中最简洁、最传统的一种。此琴桐木斫，螺钿徽，岳山、承露、冠角、龙龈、琴轸、雁足皆黄杨木制。琴背长方形龙池、凤沼，琴体侧面漆纹略断、但上下连贯统一。通体除琴身腰部、头部有两个凹进的线条外无其他修饰。琴体简捷流畅、含蓄大方，蕴意内敛中庸，有君子风骨。琴头、琴肩至琴尾的比例合理，匀称秀美，其形端庄，抚之音

---

① 传世文化.古玩图鉴·文房清供篇.北京：北京美术摄影出版社，2018：140.

㊼ 清宣统三年湖南浏阳
郑文选制仲尼式古琴

色纯厚，余音绵长，琴音清淡风雅，使人心怡。腹内刻"宣统三年辛亥仲秋月，湖南浏阳郑文选审制"18字款识。此款识与其他古琴大为不同，按照中国古琴的传统规制，宋代之前，古琴一般琴腹不留制琴者的相关信息，宋代之后，有些琴腹内会记录相关信息但那也是用毛笔书写，在琴腹内刻字的古琴十分稀少。这床古琴腹内字体为楷体，字迹工整，刻工简洁、有力。整床古琴保存完好，品相一流，琴轸、雁足、琴穗等均为原配，殊为难得。笔者先后查阅了故宫博物院、台北故宫博物院、湖南博物院、浙江省博物馆等相关机构的古琴资料，并没有发现制琴者"湖南浏阳郑文选"的相关信息。

这床古琴尤为特殊的是它的制作时间。清代宣统皇帝只在位三年，因此目前已知的清代宣统年间的古琴十分稀少，仅故宫博物院收藏有一床"宣统二年"的古琴，而宣统三年的古琴更是少之又少。毓文中学所藏的这床古琴制作时间为"辛亥仲秋月"即"宣统三年八月"（阳历1911年10月），目前已知该时间段内的古琴仅此一床，因此其对于研究中国古琴的历史有着十分重要的意义和价值，因为它或许是中国清代的最后一床古琴。

和其他古琴一样，这床古琴亦有着不俗的经历。它原来的收藏者为近代吉林著名的制琴师张邦彦。晚清时期，吉林的地方音乐文化并不发达，专营乐器的店铺主要集中在吉林河南街内。其中生意最为兴隆者当属吉林雅乐社，张邦彦就是吉林雅乐社的掌柜。张邦彦先生生于清代末年，善做各种民族乐器，其中笙、箫、笛、管尤佳，其制作的竹笙曾闻名东北，生意一度做到了奉天、北京、天津等地。而且张邦彦先生乐善好施，经常帮助有难之人。据《地下烽火》的口述者吉林著名革命家李维民[①]先生回忆，在革命战争年代他曾得到过张邦彦先生的救助。正是由于高超的乐器制作技艺和良好的人品，张邦彦先生成为当时东北乐器制作行业的翘楚，周围经常聚拢一些演奏乐器的艺人，因此他还组建了承接各种大型活动的演奏团队。20世纪80年代，张邦彦被吉林省人民政府评为"吉林省著名艺人"。据其子张永祥老人回忆，这床宣统三年的古琴是当时湖南琴友所赠。

㊽ 清宣统三年湖南浏阳郑文选制仲尼式古琴

---

① 李维民，原名李馥惠，曾用名李一民，化名王一民，吉林市人。1930年加入中国共产党。1932年春，任中共吉林市支部书记。同年秋，吉林市支部改为特别支部，李维民任特支书记。1933年5月，吉林地区党的组织遭到破坏，他离开吉林来到哈尔滨，并与中共满洲省委接上关系，开始被分配做印刷发行工作。1934年春，改做省委交通工作，他以家庭教师为掩护，奔波于各个联络点之间，给各个交通员分派任务、检查工作。1935年春，去汤原县负责反日会工作。翌年，回哈向省委汇报工作，未能与省委接上关系，不得不转赴大连、北京等地寻找党组织。七七事变后，在山西接上组织关系，重新回到党的怀抱。1942年1月11日，李维民回到吉林，以开估衣铺和纺织作坊为掩护开展情报工作。1945年日本投降后，参加了苏军保卫局工作，并组建了中共吉林特别支部，任特支书记。同年11月，中共吉林市委成立，他任市委副书记。中华人民共和国成立后，他先后任鞍山市公安局长、副市长和市长等职。口述《地下烽火》一书。1976年3月25日逝世。

笔者有幸得到这床古琴实属机缘巧合。古琴是乐器收藏中最为重要的品类，也是地方音乐文化中最具代表性的乐种。笔者一直非常喜爱中国传统文化，对古代音乐文物非常感兴趣，曾自署斋号为"乐拾斋"。2006年，一次偶然的机会，听说吉林市河南街的春隆乐器行有床清代古琴，多人欲出高价购买未果。笔者闻之，喜出望外，第一时间便找到了这家春隆乐器行。为了便于沟通，笔者还特意请到了与这家乐器店老板熟识的原吉林老古玩行的第二代掌柜黄兆才作为中间人。当时春隆乐器行的老板叫张永祥，是张邦彦的长子，也是张氏民族乐器制作的继承人和传承者。当时老人已70多岁，听说我要买古琴，坚决不卖，只说这是祖宗留下的东西，要留个念想。琴没有买成，我自然不会"甘心"，由此便成了春隆乐器行的"常客"。当时工作单位与河南街相近，我便经常到乐器行"闲逛"，陪老人聊天。从老人口中得知，张邦彦先生20世纪80年代去世后，张家一直以制作、售卖、修理乐器为业，并先后在吉林市天津街和河南街开有专营民族乐器的商店，还将乐器制作的手艺传授给了张永祥老人的两个儿子张春隆与张春秋。可能是因为我曾为教师，老人对我的印象不错，渐渐地我们成了忘年交，老人教了我很多关于老旧乐器的常识。我也逐渐理解了老人，这床古琴之于张家，不仅是一种念想，更是其家族乐器制作手艺及三代人毕生从事音乐事业的寄托与见证。但时间愈久，心中想得到这床古琴的"欲望"愈加强烈。每次见到这床黝黑发亮的古琴静静地躺在乐器行的柜台里，总觉得是见到了一位多年的老友，心意相投，默然神往。特别是老人给我讲起当年文物保护意识淡薄，曾为了挑选制作其他乐器的乐材而将一把清代"大清雍正年制"款的古筝拦腰截断的事情后，我更是生怕这床古琴再有什么闪失。

人生有很多的偶然，但偶然中又包含着无数的必然。正是因为我与老人偶然间的交往，老天为我创造了一次让老人感动的必然。我有午饭后锻炼的习惯，一日午后，我在市政府门前广场散步，正巧遇见了张永祥老人。刚过照面，突然间倾盆大雨不期而至，而老人未带雨具，瞬间被大雨淋湿。我急忙快步上前，将我的雨伞递给老人，自己则被浇成了落汤鸡。可能正是下意识的一次"善举"，让我三年多来对于古琴的魂牵梦绕得到了回应。第二天中午，我突然接到老人的电话，约我到乐器店"取伞"，当我来到乐器店时才发现圆梦的时刻已然到来。老人将古琴连同一把清代的日本古筝、尺八及晚清河北制笙名家王凤林[①]制作的竹笙等乐器全部无偿赠送给了我。可能是惊喜来得过于突然，我一时语塞，大脑几近空白，只依稀记得老人送我时像嫁女儿一样依依不舍的眼神和喃喃的话语："这些乐器已经在我们张家几十甚至上百年了，今天转赠与你，希望你以后一定要善加爱护。"此后十几年间，我一直将老人视为知己与亲人，每逢年节，定会备上礼品登门看望。直到新冠肺炎疫情暴发，怕影响老人的健康，这种看望被迫中断。2021年7月，因整理校藏文物，急需寻找张邦彦的相关资料，便电话联系到张永祥老人的儿子张春秋。当问及老人时，获知老人已于2020年仙逝，享年87岁。

逝者如风，琴音永续。每每览物之余，必念及老人，慈祥的眼睛，清瘦的面孔，银白的须发，道骨仙风。正如《兰亭集序》中所言："每览昔人兴感之由，若合一契，未尝不临文嗟悼，不能喻之于怀。固知一死生为虚诞，齐彭殇为妄作。后之视今，亦犹今之视昔。悲夫！故列叙时人，录其所述，虽世殊事异，所以兴怀，其致一也。后之览者，亦将有感于斯文。"

二、钢琴

毓文中学毓德楼正厅陈列着一台星海牌三角钢琴。每当中午，学生

[①] 王凤林（1898—1963），制笙名家。其祖父王进财系河北景县农民，19世纪中叶开始钻研制笙技术，当时在河北省已小有名气，所制的笙的质量高人一筹。其父王庆元继承其祖父开创的事业，完全放弃农事，全力投入民族管乐器的制作与修理工作，不但精通乐器制作技术，在演奏方面亦颇有造诣。

们都会坐在琴旁，演奏抒情的乐曲，届时整座教学楼都会氤氲出音乐的气息，学生们或围观、或聆听、或体味……我始终觉得，这才是校园该有的状态。厅设钢琴，这是我的创举，在我的设想中，我们的校园应该是有文化氛围的、立体的、色彩丰富的、有音乐气息的，人之为人，岂能离开色彩与音乐？钢琴是展现人生色彩与传递音乐的重要载体与媒介，因此尼采、托尔斯泰、萨蒂、阿道尔诺们对它如醉如痴。

钢琴是西洋古典音乐中的一种键盘乐器，最初由意大利人巴托罗密欧·克里斯多佛利（1655—1731）于1709年发明，被称作"乐器之王"，可与中国古琴相媲美。

㊾ 星海牌三角钢琴

第三章 藏品种类

113

㊿ PACO 牌立式钢琴

　　钢琴在结构上包括 88 个琴键（52 个白键、36 个黑键）和金属弦音板，几乎涵盖全部乐音，音域范围从 A0（27.5Hz）至 C8（4 186Hz），音域范围之广仅次于管风琴。钢琴常用于独奏、重奏、伴奏等演出，以及作曲、排练和分析释读作品等。钢琴琴键牵动钢琴内部包裹着绒毡的小木槌，继而敲击钢丝弦发出声音。其音善同各种乐器和人声配合，使用范围较广。

　　毓文中学毓德楼的这台三角钢琴是 2020 年购于吉林市维也娜琴行。另外 3 台分别是 1 台 1993 年购进的海资曼（Heintzman）牌三角钢琴和 2 台 1993 年 4 月朝鲜赠送的 PACO 牌立式钢琴。

三、伽倻琴

伽倻琴已有 2 000 多年的历史，相传是朝鲜半岛伽倻国[①]嘉悉王仿照中国筝制成，6 世纪时流行于该国，其朝鲜语为：가야금。原分雅乐琴与俗乐琴两种。雅乐琴长约 177 厘米，宽约 33 厘米，每张 12 弦，每弦 1 柱，可以移动调节音高。俗乐琴长约 152 厘米，宽约 17～21 厘米，每张亦为 12 弦。据《三国史记》记载，“伽倻国嘉实王制十二弦琴。以象十二月之律。乃命于勒制其曲”。“伽倻琴亦法中国乐部筝而为之……伽倻琴，虽与筝制度小异，而大概似之。”伽倻国乐士于勒携带伽倻琴，领弟子尼文到新罗，受到真兴王礼遇。“王受之，安置国原”，并派遣大奈麻注知、阶古、大舍万德等受业于勒门下。自此，伽倻琴在新罗开始传扬开来，并成为新罗大乐，为以后的朝鲜宫廷乐奠定了重要基础。公元 8 世纪左右（或更早）传到日本，日本奈良正仓院现收藏有 3 台伽倻琴，日本称之为新罗琴。

毓文中学收藏的这把 1958 年朝鲜赠送的伽倻琴共有 21 弦，音阶排列有七声及五声两种，所用右弹左按的技法基本和筝一致。据吉林延边大学相关专家介绍，伽倻琴演奏技巧丰富，可以独奏、重奏、合奏和弹唱，艺术风格独特，因此深受勤劳勇敢、多才多艺的朝鲜族人民的喜爱。

(51) 朝鲜赠送毓文的伽倻琴

① 公元 1—6 世纪，位于朝鲜半岛洛东江入口的金官国及其属国组成的小邦国联盟国家。

四、朝鲜长鼓

1958年，朝鲜赠送了毓文中学一只朝鲜长鼓。朝鲜长鼓又称杖鼓，历史悠久、构造独特、音色柔和，常用于歌、舞伴奏和器乐合奏。据传，朝鲜长鼓源于印度细腰鼓，约在公元4世纪时通过丝绸之路传至中原地区，后辗转传入朝鲜。隋唐时，朝鲜长鼓被称为都昙鼓、毛员鼓、腰鼓，用于天竺、龟兹、西凉、疏勒、高昌和高丽诸乐。宋代，朝鲜长鼓以杖鼓之名载于史书。朝鲜《乐学轨范》记载："《文献通考》云，羯鼓、杖鼓、腰鼓，汉魏用之，大者以瓦，小者以木，类皆广首细腹，宋萧史所谓细腰鼓是也，右击以杖，左拍以手，后世谓之杖鼓。"《元史》"宴乐之器"部分对杖鼓有更为详细的记载。

也有学者认为，长鼓舞在唐朝十分流行，并在高丽王朝初期传入朝鲜，虽然早期的朝鲜也有类似的舞蹈，但一直没有被载入文献中，在唐朝长鼓舞传入后，朝鲜艺人将长鼓舞中使用的长鼓称为新长鼓，挎在身上，边击边舞。

也有学者认为，长鼓舞是由农乐舞中的长鼓演戏演化而来的，大概在20世纪初才形成独立的长鼓舞。长鼓演戏分为三个部分：第一部分是长鼓演戏者入场；第二部分是击鼓表演，舞者右手持鞭，左手持棒，击出各种鼓点，速度由快到慢，鼓点由简单到繁复，同时，舞者自由地来回跑动；第三部分是圈功艺术，舞者的表演类似杂技。后来的长鼓舞大概主要来自长鼓演戏中第二部分的击鼓表演。早期的长鼓演戏中的长鼓舞以男性独舞为主，后来逐渐出现了女长鼓舞、双人长鼓舞及长鼓群舞等多种形式，有时多至上千人表演。

通常，朝鲜长鼓一般为两面鼓，两端鼓面高低不同，演奏者两手同

❷ 朝鲜赠送毓文的朝鲜长鼓

时击打，形成节奏不同的鼓点。现代长鼓主要有两种表演方法：一种是舞者用鼓鞭①，兼用鼓槌②击打长鼓。一般舞蹈开始时鼓槌先插于长鼓上，舞者用鼓鞭按慢拍子击打长鼓，等到表演高潮时再抽出鼓槌击打长鼓。另一种方法是只用鼓鞭不用鼓槌击打。

五、玉流琴

毓文中学馆藏的玉流琴是1993年4月朝鲜赠送的。玉流琴是20世纪70年代由朝鲜创制的民族弹奏乐器，类似中国现代扬琴。因其声音珠圆玉润，音色玲玲、柔和、优雅、优美，而被命名为玉流琴。玉流琴音域广阔分为三个音区，低音区音响幅宽、深沉、洪亮，中音区音响柔和、优美，高音区音高、鲜明。玉流琴依其演奏方法和拨弹的弦的位置不同能发出各种音色，如：拨弹弦的中间部分会发出像竖琴音响般的柔和、优雅的声音，拨弹弦的右边（临近转调装置的部分）会发出像伽倻琴音响般的优雅的声音，拨弹弦的左边（靠近琴马的部分）会发出类似吉他声的声音。玉流琴不仅音域广阔，声音优美，而且能够随意奏出变

❺ 朝鲜赠送毓文的玉流琴

---

① 约一尺长，较细的竹鞭。
② 一端圆粗，长约尺许的木槌。

第三章 藏品种类

117

化音，可以演奏各种旋律和伴奏声音。玉流琴演奏方法多样，可用作独奏乐器，也可在民族器乐中合奏，能够以其独特的音色和丰满的音量展现音乐的民族色彩与情趣。

六、手风琴

手风琴是可以独奏、重奏、合奏或伴奏的键盘乐器，声音宏大，音色变化丰富。演奏者手指与风箱结合，能够演奏单声部和多声部的乐曲，也能演奏丰富的和声。因其可演奏出不同风格的乐曲，所以被誉为"小型乐队"。而且手风琴音高固定，易学易会，体积小，方便携带演出和自娱自乐。

毓文中学这台手风琴，是1993年4月朝鲜赠送的朝鲜著名"铃兰花"品牌手风琴。这款手风琴做工考究，质量上乘，音色优美，在朝鲜深受群众喜爱，朝鲜的少年宫、中小学、大中专学校等很多地方都选用其作为学习和娱乐的必备乐器。

54 朝鲜赠送毓文的手风琴

七、朝鲜长唢呐

1958年朝鲜赠送给毓文中学的4件民族乐器中有一件为朝鲜长唢呐。朝鲜长唢呐是朝鲜双簧气鸣乐器，古称大平箫、太平箫。

朝鲜长唢呐有着悠久的历史，在古代主要用于军事活动，是指挥阵前军事行动的主要吹奏乐器。在朝鲜三国时期[①]，朝鲜长唢呐已在宫廷和

---

① 公元1世纪至7世纪。

民间广为流传，是宫廷三大乐部"唐部"乐器之一。民间多用于农闲或庆丰收之际，独奏、歌舞伴奏皆可。古代的太平箫，管身较长，多用枣木或梨木制作管身，上细下粗，外雕竹节状，八节开八个音孔，下端接铜制喇叭口。

朝鲜长唢呐形制类似汉族唢呐，管身用木或竹制，通高36.5厘米，前七后一共计八个音孔，其中第七孔较为特别，位于第六、八两孔之间，为背孔。长唢呐由管身、簧哨、芯子、气牌、喇叭口等部件组成。铜制喇叭口呈碗状。

㉟ 朝鲜赠送毓文的朝鲜长唢呐

演奏朝鲜长唢呐时需竖持管身，以左手无名指、中指、食指按五、六、八孔，拇指按背孔，右手小指、无名指、中指、食指按下方一至四孔。长唢呐多为C调唢呐[1]，音域一般是两个八度，音色坚脆、浑厚、明亮。

八、馆藏中国古代扬琴考析

扬琴，又名洋琴，因其形制、结构、传入地域及演奏方式等特征亦被称为敲琴、铜弦琴、扇面琴、蝙蝠琴和蝴蝶琴等。音箱木制，平面为扁梯形、梯形或蝴蝶形制，属板箱型结构乐器。中国最早关于扬琴的记载应该是清代学士李锴编撰的《含中集》，书中第二卷提到"洋琴"。后清代相关学者及文献资料陆续亦有记载，如清代叶梦珠《阅世编》记载："近有西洋琴瑟之类，俱用铜丝为弦，弹之声甚淫丽。"《清朝续文献通考·乐七》记载："洋琴本西洋制、铜丝弦、低弦用双丝绞成，音不甚美。中高二部并三丝为一音，奏用薄颈竹棰。音量不大，常与胡琴、琵琶等相合。"《清稗类钞·音乐类》记载："康熙时，有自海外输

---

[1] 第三孔音高。

入之乐器，曰洋琴，半于琴而略阔，锐其上而宽其下，两端有铜钉，以铜丝为弦，张于上，用锤击之，锤形如箸。其音似筝、筑，其形似扇，我国亦能自造之矣。"

关于扬琴的起源问题，目前学术界主要有四种说法：一是波斯、亚述古国起源说，二是欧洲起源说，三是中国起源说，四是印度起源说。其中较为普遍的说法是扬琴源于中东一些国家和地区，原名桑图尔琴，后传入欧洲，大约在明代万历年间从海路由南方传入中国，也有学者认为扬琴是经丝绸之路由新疆传入。据相关文献记载：早期扬琴又名丝弦琴，而我国真正由官府主持铸行的黄铜钱币的年代应是明代嘉靖年间[①]，这从材质角度为本架扬琴提供了制作年代上的参考，并从另一个角度证明了古代扬琴传入时间要晚于嘉靖年间，这与相关文献所记载的其传入时间大约为明代万历年间的观点相符。因其年代久远，目前已知国内外各大博物馆及公私收藏机构所藏的中国古代扬琴实物甚少，特别是中国早期扬琴实物迄今未见报端。笔者所在单位校史馆内藏有一架中国早期扬琴，无论是形制、尺寸、材质还是制作工艺，都与相关文献记载的中国早期扬琴相符，可作考析之用。

1. 形制、尺寸及材质

（1）形制。

本架扬琴为扁梯形，主体框架为海南黄花梨木制，分上下两层，上层为琴盖，下层为琴身，上窄下宽。琴身蒙梧桐木面板，下蒙桐木板，下板处有圆形音孔两个，圆孔后有一长方形音孔，应为后刻。此琴与清代扬琴最大的不同是琴形和音孔的位置，清代扬琴的琴形多为梯形[②]，一般在面板上部开两个或四个圆孔，并以镂空的牙雕或骨雕镶嵌装饰美化琴面和保护音孔。而此音孔开在扬琴的底部，与史籍记载的中国最早的扬琴形制相似。

---

① 丝弦材质为黄铜丝。
② 文献记载早期扬琴为扁梯形。

56 海南黄花梨木制扬琴

57 扬琴底部音孔

日本学者喜名盛昭在《冲绳与中国技能》一书中记载：1663 年中国使臣张学礼赴琉球，礼乐表演中伴奏乐器使用了扬琴①，小禄里之为唱曲《福寿歌庆盛世》伴奏，该书附有演奏者抚琴图，演奏者着明代服饰②，手持两支琴竹击弦。图中扬琴琴身为梯形，琴面有两排琴码，并雕刻图案，与中国传统的两排码小扬琴相同。图片显示小禄里之的扬琴，其音孔未开在琴面，而是开在扬琴底部。这也为我们提供了中国早期扬琴形制、结构上的依据和参考。

① 明朝时琉球称扬琴为"瑶琴"，广东潮州地区也称"瑶琴"。

② 也有学者认为小禄里之演奏时所穿着的是日本的服饰。

（2）尺寸。

本架扬琴琴身为等腰扁梯形，下底长 77 厘米，上底长 43 厘米，琴宽 26 厘米，腰长 30 厘米，琴高 11 厘米（其中琴盖高 5 厘米，琴身高 6 厘米），重 5 千克。琴身正中处有一长方孔，孔长 8 厘米，宽 3 厘米。此孔应为放置调音工具的抽屉孔，但因年代久远，抽屉已遗失。据考证，此琴目前是已知的中国古代传世扬琴中尺寸最小的一架。

该琴琴身左侧琴头设黄铜拴弦钩钉 16 排，每排 7 个，共 112 个；右侧琴头设黄铜弦轴 16 排，每排 7 个，共 112 个。

弦轴为扁圆形黄铜制，高 2.5 厘米。面板无音孔，上置黄花梨木制三角形琴码 2 个，左为高音码，右为低音码，其中左侧高音码长 22.3 厘米、高 2.5 厘米，右侧低音码长 23 厘米、高 2.5 厘米。每个琴码各有椭圆形弦孔 8 个，音码峰部各有由黄铜制作的支弦铜丝 1 根。面板两侧设黄花梨木制三角形长条山口各 1 根，左侧山口长 26.7 厘米，右侧山口长

❺❽ 琴正中央长方孔

❺❾ 琴左侧黄铜拴弦钩钉

⑥⓪ 山口峰处架弦红铜铜丝

27.5 厘米，左右山口高均为 1 厘米，山口峰处各置架弦铜丝（由红铜制成）1 根。音箱内对应面板琴码部位有音梁，音梁上各有圆形凤眼 7 个。

（3）材质。

扬琴除面板和底板外均为海南黄花梨木。整琴工艺精湛、纹饰精美、包浆厚重，因其年代久远，已呈紫红色。

黄花梨中文学名为降香黄檀，属豆科黄檀属，亦是黄檀属中材质最好的木种，俗称花梨、花黎、花黎母、花狸、降香、降香檀、降真香、花榈、黄梨、香枝木、香红木等。

黄花梨木是木器制作中特别珍贵的木种，因成材缓慢，所以十分稀缺，其色彩典雅、纹饰绚丽，而且木质稳定，不易变形，特别适合用来制作各种家具和乐器。用黄花梨木制作家具、乐器古已有之，唐代陈藏器的《本草拾遗》中记载："花榈出安南及海南，用作床几，似紫檀而色赤，性坚好。"明初王佐增订《格古要论》介绍花梨"出南番广东，紫红色，与降真香相似，亦有香。其花有鬼面者可爱，花粗而色淡者低"。清刊本《琼州府志·物产·木类》记载："花梨木，紫红色，与降真香相似，有微香，产黎山中。"

第二章　藏品种类

⑥¹ 整琴海南黄花梨木制

2. 工艺特征

古往今来，一件堪称完美的乐器必定是材质、工艺、色彩、功能、结构、形体等多种要素的完美结合。特别是我国传统的民族乐器，更是与其所产生时代的审美标准、生活习俗、演奏方式和文化背景等息息相关。而本架扬琴无论是其造型、结构，还是工艺、制作方法，都与中国传统文化及工艺发展历程紧密相关。

（1）形制由来。

本架扬琴为扁梯形，关于其形制之由来并没有明确记载。梯形概念最早见于古希腊数学家欧几里得的《几何原本》中，现代人常常把梯形比作人生的舞台。如果从扬琴原始发现的角度分析，我们从相关文献及实物资料能够看到早期桑图尔琴的形制即为梯形，而这种琴形的发现来自考古学家。他们在现在的伊斯坦布尔（拜占庭帝国的都城君士坦丁堡）发现了一本1139年左右的书籍，该书封面为白色，并由上等象牙精雕细刻而成，书的封面有一个外形为梯形、横向系弦，并有棒槌打击奏乐的乐器，这个图像在学术界通常被认为是欧洲最早的扬琴图像。

早期扬琴的形状、样式相对统一，均为扁梯形。目前已知的扬琴实物资料中，扬琴的形制大多为蝴蝶形、扇形，个别为梯形，而扁梯形扬琴实物目前只有笔者单位所藏这一架。

❷ 整琴琴身呈扁梯形

在中国传统乐器中，琴身为梯形的乐器除扬琴外，还有一种是蒙古族的拉弦乐器马头琴。马头琴历史悠久，由唐宋时期的奚琴发展演变而来，成吉思汗时期流传于民间，因琴杆上端雕有马头而得名。《马可·波罗游记》曾介绍了12世纪鞑靼人中流行的一种二弦琴，这可能是马头琴的前身。明清时期的宫廷乐队也配有这种二弦琴。马头琴与扬琴的演奏方式极为不同，一为拉弦乐器，一为击弦乐器，但二者演奏时的要求却相对统一，即扬琴和马头琴演奏时摆放的位置要求相对固定。因此笔者推断古代扬琴选择梯形的形制主要是基于以下三点：一是梯形形体有助于演奏时扬琴保持稳定，二是便于实现乐器的演奏功能，三是扬琴所处的时代背景及审美标准。

（2）制作工艺。

古代乐器是传统文化的重要组成部分，不仅反映了其所处时代的文化、艺术形态、审美标准，也代表了当时的工艺水准和价值追求，同时也反映了当时的科学和技术水平。本架扬琴制作工艺极为考究，运用了中国古典木器制作中常用的榫卯、黏合等工艺，是西洋乐器与中国传统木器工艺的完美结合，展现了中国传统文化的包容性、兼容性和世界音乐文化的广泛性、同一性。特别是扬琴中残留的一小段黄铜丝弦，质地精良，细如毫发，这说明当时的铜冶炼及拉丝工艺已达到了相当高的水准。

第三章 藏品种类

⑥ 琴中黄铜丝弦

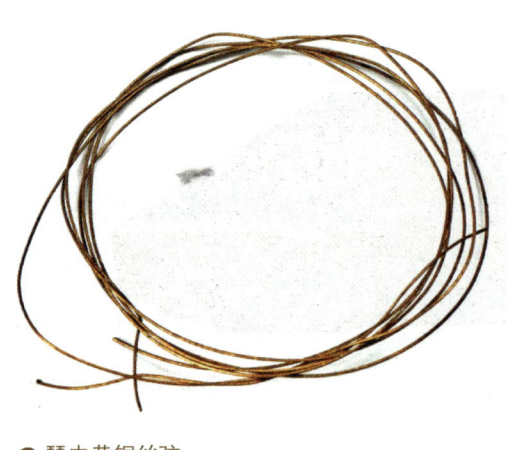

榫卯是中国古代建筑、家具、木制器械技术中木构架的主要结构方式。两个木构件分别设计成能够紧密咬合的凸出和凹槽，分别叫作榫和卯，起到连接的作用。榫头伸入卯眼的部分被称为榫舌，其余部分则被称作榫肩。榫卯结构的运用使中国的木制建筑、家具、器械等的制作不需要使用金属钉，就能扣合严密、间不容发，工艺非常精确，令人叹为观止。榫卯结构对于中国古典乐器的制作意义重大。中国古典乐器的制作要求结构合理、操作规范，制作的每一个细节要满足乐理及音律的要求，不能有半点的含糊和差错，这就使中国工艺在乐器制作上得到了完美的发挥。

本件乐器的琴盖的下底、上底与琴盖的边缘部分，均采用榫卯的方式相互契合，使整个琴盖结构严密，结实耐久，并与琴身严丝合缝，浑然天成。

中国古代乐器及家具制作中经常采用的榫卯结构是中国古代匠人聪明才智的完美写照，而榫卯结构中辅助运用的黏合工艺，更是让中国的榫卯工艺锦上添花。本架扬琴的琴身部分主要采用了黏合工艺，如琴体、共鸣箱、琴码、山口等部位。黏合工艺中必须用到的鱼鳔胶，更是凝结了古人的智慧，在古琴、三弦、二

⑥ 琴盖采用榫卯结构

⑥⑤ 琴身处部分采用黏合工艺

胡、琵琶、阮等乐器的制作过程中均有运用。鱼鳔胶的制作和使用在我国已有近千年的历史,是一种以鱼鳔①为主要材料制作的黏合剂,可以用来制作弓箭、家具和黏合乐器等。《清稗类钞》记载:"盲女弹唱,广州有之,……佐以洋琴,悠扬入耳。人家有喜庆事,辄招之。"这说明扬琴几乎已成为当地举办喜庆事必备之乐器,因此扬琴的质量至关重要。而扬琴质量的好坏很大程度上取决于扬琴的制作工艺,特别是扬琴的黏合要经久、牢固、耐用。本架扬琴结构紧密,黏合牢固,反映了我国古代乐器制作的黏合工艺已达到了相当高的水准。

(3)装饰特点。

从目前发现的中国传统乐器的实物资料来看,中国古代乐器制作的材料主要有木、铜铁、金银、玉石、瓷器等多种,装饰方法依据材质的不同也呈现出多样性特征。如河南省舞阳县贾湖遗址出土的骨笛②均用鹤的尺骨制成,装饰方法简洁、明快。而唐代古琴主要采用大漆工艺,装饰方法呈现出多样化特点,如收藏在日本正仓院有天下最美古琴之称的唐代金银平纹琴,琴身选上等桐木,底贴裁制成各种纹样的金银箔片,层层髹漆,漆干后,以木炭研磨,使金银纹显露出来,形成精美的

---

① 又称鱼泡、鱼肚。
② 现收藏于河南省文物考古研究所,属于距今约8 000年的裴李岗文化。

第三章 藏品种类

纹饰。另采用镶嵌、金银平脱等工艺，装饰布局严整，繁而不乱，使其典雅高贵、富丽堂皇，装饰风格、特点也开创了中国唐代乐器的先河。本架扬琴没有华丽的外衣、繁缛的绘画和富丽高贵的镶嵌，整架扬琴造型端庄、大气、秀雅，颜色深沉、厚重、古朴，更多地展现出中国明代木器的制作风格与特点，主要表现在：

一以素为美。中国传统乐器的设计、制作、选材充分体现了古人的聪明才智与审美追求，特别是到了明代，人们将简约美灌注于日用之物，留下了明式木器辉煌光彩的篇章，也代表着中国人对生活美学的极致追求。明代人讲究"以素为美"，特别是在家具和乐器的制作中，更是将这点体现得淋漓尽致。本架扬琴周身素雅，无雕无饰，让人感觉典雅、大方、清丽、圆润，充分体现了明代"以素为美"的审美理念。而这种审美理念最好的呈现载体，就在于乐器木材的选择上。黄花梨木工艺性能优越，缩胀率小，不易变形，手感温润，坚固耐腐，是制作乐器的上等物材。因其材质稀缺、生长缓慢，自古就是达官贵人喜爱之木。尤其是选用上等的黄花梨木制作扬琴，实现了木与人、木与器、木与乐的完美统一，特别是黄花梨木那漂亮的"鬼脸"、生动的"蟹爪"、细密

66 琴盖处黄花梨木表面纹理

的"麦穗"、流动的"水波"、弯曲的"扫帚"等，都在这架扬琴上一一得到了完美的诠释和展现。

二线面结合。线面结合是中国传统木器制作常用的装饰手法，这种手法不仅能很好地展示木器表面的纹理效果，而且能将器物形体、质感、结构等要素进行充分的彰显与表达。本架扬琴的形体和结构充分体现了线与面的完美结合。作为中国早期扬琴的标准形制，扁梯形就是由上与下、左与右、前与后的六个面与若干条直线和曲线所构成。中国古代任何一件乐器，一定是形制和结构的完美统一体，因为形制代表着乐器所处时代的审美标准，结构体现着乐器的音乐特征和演奏功能。而展示乐器形制和结构的重要载体就是共鸣箱，尤其是在扬琴上，它是扬琴发声的部位，琴竹敲击琴弦后产生的振动经由琴码传至共鸣箱，形成较大的声波，再通过底部的音孔传出去，就形成了各种动听的曲子。这一系列动作的完成，其实就是线与面在时间、空间上的碰撞与组合的结果。

三注重形体。笔者认为，中国古代乐器除演奏功能外，还有一个重要的功能就是满足人们的视觉欣赏与心理寄托需求。如古琴，在古代仕人眼中，不仅是生活的必备品也是仕人学子精神的寄托，所以有"但识琴中趣，何劳弦上声"的诗句流传。古代文人们不一定会弹古琴，但家里一定要有床古琴悬于墙上，用以展示其文化水准和价值追求。这也从另一个角度对中国古代乐器的设计与制造提供了更高的标准与要求。扬琴作为一种外来的乐器，在中国经过了几百年的发展与传承，在功能上逐渐满足我们的审美与视听需求，从最初传来时的扁梯形，到后来的梯形、蝴蝶形、扇形、蝙蝠形等，都体现了一代代中国乐人对扬琴完美形体的探索与追求。从中国古代扬琴的发展变化来看，中国古人对器物形体的要求是伴随着时代发展变化而不断发展变化的。这架扬琴形体简洁，造型明快，扁梯形特征明显，赏心悦目，十分符合明代文人雅士对器物形体上的审美要求。

3. 传承过程

中华文化博大精深，作为音乐文化的重要载体，古代乐器反映了一个时代的政治、经济和文化，展现了人们当时的生活情致、艺术水准和审美追求。《汉书》曰："声者，宫、商、角、徵、羽也。所以作乐者，谐八音，荡涤人之邪意，全其正性，移风易俗也。"扬琴作为一种舶来品，从明代末年传入至今已历经几个世纪，伴随着中国朝代的更迭和扬琴艺术的发展，越来越受到人们的欢迎和喜爱。因此，留传于世的古代扬琴实物陆续被发现及收藏。

（1）发现地域。

本架扬琴最初发现于辽宁沈阳。据先前购藏者介绍，这把扬琴是20世纪90年代购于沈阳古玩城。沈阳因地处沈水[①]之北，而古以山南水北为阳，故得名沈阳。沈阳是我国重要的历史文化名城之一，孕育了辽河流域的早期文化，发现有距今7 200多年的新石器遗址。春秋战国时期燕国曾在此建立方城。1625年，努尔哈赤建立后金政权，并迁都于此，更名盛京。1636年，皇太极在此改国号为"清"。1644年清军入关后定都北京，以盛京为陪都。因此沈阳有"一朝发祥地，两代帝王都"之称。正因为沈阳有着特殊的文化渊源和历史背景，所以其保有较多的历史遗存，特别是乐器类文物，近年在沈阳地区屡有发现，这也为本架扬琴提供了文化及年代上的支撑。

（2）递藏经过。

笔者2000年前后于吉林省吉林市花鸟鱼古玩市场购得本架扬琴，其先后经由收藏家常双林和孙道元递藏。常双林又名"常二"，1967年出生，是一直活跃在东北古玩界的著名收藏家，对古代玉器、佛教造像、文玩杂项等藏品有较高的鉴定水准，眼光独到，经验丰富，曾受邀为相关鉴定类节目担任鉴赏嘉宾。孙道元，1956年出生，因其教师出身和对古代艺术品特有的鉴赏能力而被人们亲切地称为孙老师。20世纪

---

① 今浑河。

90年代在东北收藏界可谓大名鼎鼎，人们有什么"新奇的""疑难的"物品必须找其帮忙"掌眼"，仿佛东西如果未经孙老师鉴定就没法确定其年代与真伪一般，可见其在古玩圈的影响之大。这把扬琴就是其在辽宁沈阳所购。据二人从文物的角度分析和鉴定，此架扬琴的制作年代应为明末或清初。

（3）遗存数量。

从目前存见于世的古代扬琴实物资料来看，世界各国均有中国古代扬琴遗存，但从目前存世的扬琴的年代来看，以清代道光之后制造的扬琴居多，如江苏扬州清曲名家王万青所藏的清道光年间两排码七档蝶形琴，河北易县后部村十番会的道光年间两排码梯形八档小洋琴，北京密云区蔡家洼五亩地村的清中晚期梯形"打琴"，北京乐器收藏家白亚平家传的晚清两排码七档蝶形琴，香港中文大学收藏的清末民初蝶形琴，日本岛根县旧藩家所藏的清道光年间平面梯形七音琴，笔者所藏清道光年间两排码七档蝶形琴，等等。另外，笔者曾于2021年6月17日在意大利罗马的Bertolami Fine Arts拍卖行看到一架清代道光年间合盛馆制造的两排码七档蝶形琴。

目前存世的清代扬琴有四大特点：一是分布范围广，散见于世界各地；二是制作年代近，多数制于清代道光年间；三是存世数量少，不会超过200架；四是广东制造多，并有专门的制造场所和销售地。这与清代中国广州等地通商口岸的建立和繁荣的对外贸易有关，尤其是目前已知的除笔者所藏外的其余7架扬琴，有6架明确标记为广州制作，分别出自"金声馆"、"恒声馆"、"正声馆"、"合盛馆"、"咏然号"及个人作坊。

据笔者查阅相关资料及走访国内外博物馆、乐器馆得知，清代道光至民国年间制造并存世的扬琴应该不会超过200架，远远少于中国古琴（存世约2 000床）的存世数量。扬琴传入中国400多年，从明末清初始入，到清代道光年间生产制造达到高峰。那如今的遗存数量为什么却远远少于古琴的存世数量呢？笔者认为可能有以下几方面原因：一是

131

与流传年代有关。古琴属中国传统民族乐器，有3 000多年的传承历史，而扬琴传入我国仅400多年，从时间跨度上看，远远少于古琴。二是与文化有关。中国古琴体现了中国传统文化的魅力，是中国传统文化最好的代表和象征，每一床古琴几乎都有一段历史和一段"文化人"的故事，而扬琴则略逊一筹。特别是中国古琴得到历代"文化人"的喜爱，是"文化人"心灵的寄托，因此备受珍惜。三是与民族属性有关。中国古琴传承3 000多年，自古就是"国有"的，是老祖宗传承的，而"洋琴"是外来的，因此人们在重视程度上可能会有很大差别。四是与统治阶级重视程度有关。中国古琴历来受到统治阶级的重视，甚至将其作为教化民众、维护统治的工具，因此得到了很好的保护与传承，这从目前国内外各大博物馆的古琴收藏中能够得到证实。五是与扬琴的传承变化有关。中国古琴从发明至今，无论是演奏方式还是乐理构造几乎没有变化，因此有较好的传承性。而扬琴则变化较大，从形制上有梯形琴、蝴蝶琴、扇形琴、蝙蝠琴等，从功能上有律吕扬琴、变音扬琴、401型扬琴、501型扬琴、电扬琴、402型扬琴等。在发展过程中，新琴代替旧琴，所以古代扬琴存世数量较少。

4. 年代分析

近年来，随着中国古代扬琴实物资料的不断发现和扬琴文化的广泛传播，人们对扬琴的关注和研究越来越深入，特别是关于扬琴传入我国的时间、形制、工艺、发展历程及扬琴中国化的研究文章也日渐增多。但这些研究者和文章的撰写者多为音乐"专业"人士，要么是大学教授、讲师、研究生，要么是扬琴的制造师、演奏家和爱好者。他们多从扬琴的乐理、学派、流变、文化机理等角度出发对古代扬琴进行研究和探索，从其作为文物的属性出发进行分析和研究其传入时间、选材用材、制造工艺及制作年代的研究尚属空白。笔者所在单位的校史馆藏有黄花梨扬琴一架。本文从文物鉴定的角度出发，以本架扬琴为例，对中国古代扬琴的形制、尺寸、材质及制作工艺等进行分析和研究，从而研判该扬琴的制作年代为明末或清初。

（1）选材特点。

从目前传世扬琴的实物可知，中国传统扬琴几乎均采用色木、桦木或榆木作为框架，而笔者单位校史馆所藏扬琴的主体材质为海南黄花梨，该琴也是目前已知的古代传世扬琴中唯一一架选用海南黄花梨为材质的扬琴。从目前传世木质家具、乐器等文物的实物资料看，凡是选用海南黄花梨为材质而制作的家具和乐器多数为明代末年或清代初年。主要有以下几个原因：

一是与海南黄花梨本身的木质属性有关。第一，海南黄花梨自古就是十分贵重、珍稀的木种，素有"木中黄金"之称。此木纹理清晰，行云流水，纹路美丽，而且木性稳定，不易变形，且韧性极佳，适合制作各种家具和乐器。从目前存世的明代音乐文物来看，明代的琵琶、三弦、拍板等乐器大多选用海南黄花梨为主要材质。第二，明代黄花梨原料相对充足，而到了清代，黄花梨资源相对匮乏，因此在音乐文物的材质选择上，已逐渐转向了紫檀、红木（红酸枝），特别是红木成为清代乐器材质的首选。

二是与明代高度发达的物质文明程度有关。明朝是中国物质文明高度发达的时期，无论是冶铁、造船、建筑等重工业，还是丝绸、棉布、瓷器等轻工业在世界上都有一席之地。"明朝后半期的百年间，由欧亚贸易流入中国的白银在 7 000 到 10 000 吨左右，约占当时世界白银总产量的 1/3。在制铁、造船、丝绸、纺织、瓷器、印刷和建筑等各方面，17 世纪初的中国都处于世界领先地位，工业产量占全世界的 2/3 以上。"[①]因此，明代在家具、乐器制作的材质选择上便相对"奢华"，这就为海南黄花梨提供了使用舞台。如美国大都会艺术博物馆收藏的一把明代琵琶，背板选用珍稀象牙，可见当时物质水平之高。

三是与当时统治阶级的禁忌习惯有关。明代的木器制作技艺炉火纯

---

① 杜君立. 历史的细节. 北京：生活·读书·新知三联书店，2013：261.

青，颇具时代特色的是黄花梨与家具的制作工艺结合催生了明式家具艺术。黄花梨地位的提升与当时的政治环境有着密切的关系。朱元璋由草根起家，夺取了全国政权，在文化方面，以儒学为工具，以朱熹理学为旗帜，而实质上实施的却是专制政策，整个社会的政治、经济、文化等方面无不体现着朱氏家族的意志。明代的皇帝姓朱，朱为火、为红，所以明代五行尚火，因此，有着天然优势的黄花梨便受到皇家的重视和喜爱，从而带动整个社会对黄花梨木的推崇，人们把这种红黄色的木材作为家具及其他木器的主要制作材料。另外，明代是中国封建史上最后一个汉族王朝，农耕文明主要崇拜太阳和土地的颜色，因为这是最能代表丰收的颜色，黄花梨的红黄颜色恰恰是汉族人所喜爱的，同时，明代崇尚火，火主红，因此，黄花梨在明代备受推崇，成为时尚、流行的代名词。

　　四是与当时统治者对木器的喜爱与重视程度有关。从目前流传于世界各地的明代黄花梨家具实物来看，大多选材上乘，工艺精美，并以出自皇家与王府的家具为多，反映出明代皇室集团对木器的喜爱和重视。因此，在木器的选材上也有更高的要求。据说，明熹宗朱由校（1620—1627年）对木器制作有着极为浓厚的兴趣，善于刀锯斧凿、丹青髹漆，凡见过的木器或亭台楼榭皆可制作出来。他亲自制作的漆器、梳匣、床等木工制品，均装饰五彩、精巧绝伦。朱由校曾自己设计了可以折叠、便于携带和移动的床板，并亲自锯木钉板制作，床架上雕镂有各种花纹，美观大方。吴宝崖在《旷园杂志》中写道：熹宗"尝于庭院中盖小宫殿，高四尺许，玲珑巧妙"。另据《先拨志始》记载："斧斤之属，皆躬自操之。虽巧匠，不能过焉。"皇帝对木器的高度重视，也使当时的木器选好材、用优材成为时尚，黄花梨更是成为家具和乐器用材的首选。

　　五是与明代文人的文化生活习惯有关。明代以前，黄花梨主要是用作药材，像《本草纲目》和《本草拾遗》等药典都有黄花梨的记载，药用功能全面。明代文人追求情致高雅，焚香、抚琴是标配，而黄花梨木因其天然的香味和质感，深符文人审美情趣而受到明代文人雅士的喜爱。黄花梨木表现出的魅力，使得它从数百年前的明代晚期直到今天，都备受文人墨客的推崇。此外，任何一件古代乐器除了自身的音乐功能以外，还有更重要功能就是欣赏和装饰，所以由黄花梨木制成的乐器也成了明代文人文房书斋的必备陈设品。

（2）形制鉴别。

形制是指器物的外在形状和构造。形制作为乐器外化的样式，体现了人们的文化观念，反映了当时人们的审美和当时的物质生产力状况。欧洲扬琴的前身是流传在中东地区状似"卡龙"的拨弦乐器，其特点是等腰梯形，琴弦平行张于琴体两端，无琴码，演奏方式为击奏。我国《清朝续文献通考》《清稗类钞》等相关文献对中国早期扬琴的形制也有所记载。笔者单位校史馆所藏扬琴的形制与欧洲及我国清代最早关于扬琴形制的记载"扁梯形"相同，虽形制较小，但功能一致。

扬琴传入我国已400多年，其形制、结构、音乐特质伴随着社会的进步和人们审美要求的提升也在不断变化，但从文物鉴定的角度分析，

67 扬琴整体形制

其最初的文物形制是不可逆的，文物讲"以物证史"，因为最初的文物形制反映的是当时政治、经济及文化的状况，反映的是当时人们的工艺水准与审美追求。中国早期的扬琴从欧洲传入，因此其形制与构造一定是完全参照"洋琴"的原始形制去制造和生产的，因此本架扬琴较小的体积、简单的构造、单一的形制体现了其原始及久远的特性。

（3）工艺特色。

从文物鉴定的角度分析，判定一件器物的年代最重要的因素有三个：一是形制，二是材质，三是工艺。特别是工艺，最能代表和反映一件器物的时代特征。如古代青铜器和玉器的鉴定，最重要的鉴定依据就是看这件器物的制作工艺。一件器物从仿制的角度来说，其形制及材料容易做到和古时一致，但历经几千年文明的变迁，有些传统工艺早已失传，根本无法重现。本架扬琴为纯手工制作，采用了中国传统木器制作中的榫卯结构，辅以早期的鱼鳔胶，工艺十分古朴，也符合其明末清初的时代特征。尤其是这架扬琴的梯形构造，在琴盖的边缘处采用了明代家具常用的边抹沿起双线方式，使整架扬琴线条流畅，气韵生动，体现了明代匠人所追求的既天然优雅又不失简朴的设计理念。

⑱ 扬琴琴盖边抹沿起双线

❻⓽ 琴右侧黄铜弦轴

此外，琴面铜制的拴弦钩钉、弦轴等均为手工打制，打制的方式与风格也与明末清初铜器制作的方法相同。因此，笔者认为这架扬琴从工艺特征的视角分析符合我国早期扬琴的形制特点和制作工艺。

（4）铜质成分。

文物是时代的底片，是历史的缩影，是科技水平的象征。对文物本身材质成分进行分析也是现代考古工作者判断文物年代所采用的重要方法之一。本架扬琴琴身左侧琴头拴弦钩钉，右侧弦轴及音码峰部支弦铜丝均由黄铜[1]制作，面板两侧三角形长条山口架弦铜丝由红铜[2]制作。从选材上看，这两种铜质在明代均有生产和制造。

《大明会典》记载嘉靖年间，工部所属钱局已经大量使用"倭铅"[3]铸造黄铜钱，《宣德鼎彝谱》印证了这一说法。明代宋应星在《天工开物》中提道："凡倭铅古书本无之，乃近世所立名色。"这说明锌的出现应是在明代。书中又说："凡铸钱每十斤，红铜居六七，倭铅（京中名

---

[1] 黄铜一般为铜锌两种金属的合金，最早出现于明嘉靖年间，呈金黄色，质地韧软。
[2] 红铜，即纯铜，又名紫铜。
[3] 即金属锌。

水锡）居四三，此等分大略。"这为我们分析和研究明代铜器成分含量提供了参考和依据。笔者由此选取了明代末期至清代早中期官造黄铜行用钱"万历通宝""天启通宝（泰昌通宝为后铸）""崇祯通宝""顺治通宝""康熙通宝""雍正通宝""乾隆通宝"为黄铜测试参照物。

以扬琴右侧原始铜质弦轴为对照物，借助台式金属分析仪，用类比法和成分分析法，对其主要成分进行了测试和分析，结果显示，本架扬琴右侧黄铜弦轴的铜锌含量分别为60.306%和38.569%，符合相关记载和明末清初黄铜成分配比标准，具备明末清初的时代特征。因此，从扬琴弦轴成分上看，该琴应为明末清初制造。

（5）其他特征。

在中国传统文物鉴定领域，大家经常提到的一个词就是"包浆"——文物表面由于长时间氧化形成的氧化层，其实就是文物经过岁

年代	样品名称	元素含量（百分比）									
		铜 Cu	锌 Zn	铅 Pb	镍 Ni	钛 Ti	钇 Y	铟 In	钼 Mo	铌 Nb	铑 Rh	钴 Co	铁 Fe
	黄花梨扬琴弦轴	60.306	38.569	1 917.03 ppm	0.091	0.006	0.013	0.007	0.028	0.062	0.003	0.124	
万历	万历通宝	91.464	5.692	1.514	0.115		0.023		0.008			0.154	0.802
天启	天启通宝	72.665	18.799	5.175	0.116	0.043	0.034	0.043	0.019		0.023	0.127	0.751
崇祯	崇祯通宝	75.732	17.376	5.190	0.506		0.052		0.029	0.018		0.344	0.232
顺治	顺治通宝	54.187	31.467	7.854	0.204		0.157		0.002	0.022	0.002	0.204	0.614
康熙	康熙通宝	54.593	43.759	5 565.75 ppm	0.093	0.043	0.060	0.022	0.020	0.052	0.007	0.108	0.172
雍正	雍正通宝	53.098	6.211	26.225	0.011		0.335	0.058	0.069			0.123	8.885
乾隆	乾隆通宝	32.123	57.932	4.157	0.100		0.101			0.096		0.177	1.235

⑦ 主要元素含量分析结果报告表

㋛ - ㋘ 依从左到右、从上到下的次序分别为万历通宝、天启通宝、崇祯通宝、顺治通宝、康熙通宝、雍正通宝、乾隆通宝、送检琴头右侧黄铜弦轴

第二章　藏品种类

139

月的洗礼和长久把玩而在表面形成的自然光泽。这种自然光泽大多用来形容传世文物，包括瓷器、木器、玉器、铜器、文玩等。而不同器物因材质、年代及所处自然环境的不同所形成的自然光泽的颜色也会呈现不同的特点。如中国传统竹雕，由于年代不同，反映在器物表面的颜色也会不同，一般年代越久色泽越深。如明代末年的竹雕颜色为褐红色，清代早期的竹雕为棕红色，清代中期的竹雕为棕黄色，而清代晚期的竹雕由于年代较近，氧化层薄，所以颜色为浅棕黄色。因此，通过器物的氧化程度判断其制作年代也是文物断代的重要依据之一。从本架扬琴黄花梨木的氧化程度和弦轴等配件的器表颜色来看，该琴有较为久远的岁月痕迹。

第一，黄花梨木的氧化程度。黄花梨木由于生长环境、材质部位的不同而呈现的颜色也不同，如有些黄花梨家具的颜色为黄色，有些则为深红色或紫红色。本架扬琴由于年代久远，呈紫红色，且表面包浆极为厚重，抚之手感柔顺，如婴儿之肌肤。琴盖的折角部位由于长时间受自然环境的影响，折角的粘接部位有些已自然开裂，而开裂的内侧面及边抹沿内面部位也已经形成了厚厚的包浆，从文物鉴定的角度看，这些都是证明其年代久远的有力证据。

第二，弦轴等配件的器表颜色。由于时间久远，黄铜的表面常常会生成一层氧化物，氧化物会因其产生环境和年代而表现为棕褐色、深绿色或黑色。本架扬琴琴面的拴弦钩钉及弦轴，包括这架扬琴在弦轴间残留的半根早期铜质琴弦等的表面都已经形成了棕褐色氧化层，这种氧化层的颜色符合明代末期铜器的颜色特征。拴弦钩钉和弦轴等物件几乎一直隐藏于琴盖之下，而在这种相对密闭的空间内还能形成如此厚的包浆，非几百年岁月的魔力而不能有之。因此，笔者认为这架扬琴的制作年代为明末或者清初无疑。

综上所述，笔者单位校史馆所藏之扬琴无论是形制、尺寸还是制作工艺及装饰手法，都与相关学者及清代相关文献中关于中国早期扬琴的描述特征相符。据此，笔者从文物鉴定的视角出发，根据所藏扬

⑲ 扬琴琴身内包浆痕迹

琴之形制、材质、工艺、装饰手法及本架扬琴外在的自然磨损、皮壳包浆、递藏过程和年代鉴定等，认为这架扬琴的制作年代为明末或清初。特别是本架扬琴选用了最具时代特征及身份特征的珍贵黄花梨为主要材质，使其更具时代特色和学术价值。主要表现在：一是证明了扬琴传入我国之初便得到了官方的高度认可和重视，为早期扬琴的身份定位提供了研究依据；二是颠覆了我们一直以来对于扬琴制作材质只限于色木、桦木或榆木的认知局限，证明了古代扬琴在材质选择上已呈现出多样化特征；三是为扬琴传入之初便已与中国传统工艺迅速融合提供了佐证，从文物的角度丰富了外来乐器中国化进程的素材；四是证实了中国早期扬琴的制作工艺已相当完善，当时人们不仅会制作"洋琴"，而且制作工艺较为精良，为明朝时我国已能够制造扬琴的记载提供了直接证据。

扬琴作为一种外来乐器，在中国传承了400多年，从传入之初的"洋琴"，到浸透着中国文化元素的"扬琴"，折射出了中国传统文化的包容性、兼容性和音乐文化的广泛性与世界性。本架扬琴作为目前发现的唯一一架中国早期扬琴实物标本，填补了中国古代扬琴的实物空白，因此具有较高的艺术价值、文物价值、科学价值、史料价值和研究价值。

第四章 遗存文物的价值

第一节　教育价值

　　2019年6月，国务院办公厅印发《关于新时代推进普通高中育人方式改革的指导意见》，强调构建全面培养体系，要求普通高中教育突出德育时代性、强化综合素质培养、拓宽综合实践渠道。吉林毓文中学充分利用校园文化积累、人文环境条件，拓展教育空间，开发教育载体，建立学生对国家、民族和文化的认同感，达到文化育人、实践育人、美育育人的教育目标。

　　艺术知来路，方能明去路。吉林毓文中学办学105年以来所遗存的500多件教育文物记录着百年名校的成长史，每一件文物都告知着世人，毓文沃土，不仅负责教书育人，还厚植家国情怀，学子们在这里不仅学习文化知识，还感悟人生的意义。

　　学校依托学校旧址遗存和馆藏文物等，设计并实践了主题性课程——"瓷器"，百余件各时期中朝展品充分展示了各个时代的艺术风格和文化特色，中朝瓷器各具匠心，温雅润泽。课程包括参观研究和体验实践两部分，学生们在课程中共同领略中朝各具形态和文化意蕴的瓷器，不但见证了中朝文化的交流与融合，更看到了历史跌宕起伏的沧桑巨变。通过新课程的多种教学方式，学生在轻松愉快的课堂氛围中，全方位、多角度地认识和了解了文物，从文物背后的历史故事中，进一步感受中华民族的悠久历史和灿烂文化。在体验实践课上，学生们设计瓷器器型，绘制纹样，抟泥烧制，在劳作实践中感受瓷器文化的博大精深。丰富多彩的活动不仅锻炼了学生们的动手能力，更加深了学生对中国传统文化的认知与学习，增强了文物保护意识和爱国情怀。

一方水土，一方文化。松花江畔，红色热土。吉林毓文中学是一所有着百年红色基因的学校，百年风云动荡，红色精神薪火相传。毓文中学校史馆中每一枚军功章、每一幅老照片、每一本日记本都记录着一段刻骨铭心的红色记忆。为了更好地传承百年毓文红色基因，学校以校藏革命文物为媒介，开设和实施"红色文化"主题系列课程，意在以红色文化引领教育教学，学生们通过校史馆了解革命先烈的英雄事迹，丰富近代革命史知识，通过听讲座、实地调研等方式学习优秀的革命传统，了解红色精神的内涵。通过观摩生动、鲜活的文物，同学们升华了家国情怀，传承了红色基因，树立了家国情怀和革命意志，继承和发扬了革命先烈的优良传统，强化了国家和民族认同感，同时也提升了民族的凝聚力和向心力。

毓文中学馆藏文物虽然数量不多，但是每一件文物都有其独特的意义，有中朝友谊的见证，有红色基因的弘扬，有中外文化的融合，有传统文化的传承。毓文中学的教育教学，不仅要向学生们传递艺术文化知识，还要指引他们思考未来、完善道德与人格、提升核心素养。

学校是进行教育活动的主要场所，校内一切有形的、无形的教育资源、教育文物都是完成这项教育活动的重要载体。一方面，这些教育文物以物质或精神的形态引领着教育活动的发生、延续及发展、变化；另一方面，在发展和变化过程中又会催生出新的教育文物，并使这种教育价值焕发新的生机与活力。

马骏是吉林省第一位共产党员，也是毓文中学优秀的校友，于是我们成立了"马骏班"，传扬红色文化。毓文历史悠久，毓文校史馆将这种悠久用时间和空间相结合的形式展现给学生，让学生明史、立志、报国。毓文革命英雄辈出，人才荟萃，因此我们成立了全国首个东北抗联博物馆吉林毓文馆，它主题突出、导向鲜明、内涵丰富，对传承革命精神、创新爱国主义教育形式、发挥红色旧址的教育价值都具有重要意义。毓文中学馆藏的这500多件教育文物所具有的教育价值不言而喻。

第四章　遗存文物的价值

第二节 历史价值

　　历史文物记录了人类活动的发展过程。毓文中学遗存的教育文物是记录毓文中学办学过程最好的物证，具有重要的历史价值。从历史学的角度看，记录历史重要过程与事件的相关文字、资料并不一定能完全真实地反映历史，但历代遗存的相关文物却是历史最真实的写照，即所谓的"以物证史"。吉林毓文中学诞生于民国六年（1917 年），时乃民国初始，国运衰微，泱泱中华，民智未开。吉林教育更是十分落后，刚刚经历科举制度的废除，少学堂、无师资，政府鞭长莫及。私立吉林毓文中学的创建犹如一股春风，改变了吉林落后的教育制度和教育方式，也改变了其民众固有的传统狭隘和保守思想，反映了吉林近现代教育的重要变迁，见证了东北中外教育融合和碰撞的过程，凝聚了当时京津地区先进的教育思想和办学理念，反映了民国时期吉林社会政治、经济、思想、教育、文化、艺术等多个方面的发展情况，是东北教育的一面旗帜。

第三节　艺术价值

吉林近代艺术发展水平相对落后。翻看中国近代艺术史，无论是音乐、美术、舞蹈，还是其他门类的佼佼者中，吉林籍代表人物少之又少。但如果书写一部吉林近现代艺术发展史，毓文一定是浓墨重彩的一笔。

毓文收藏的众多文物，涵盖的种类多、范围广、品质高，具有极高的艺术价值。这种价值主要体现于以下四方面：一是形体之美。毓文旧址承袭清代古建，青砖灰瓦，四合小院，独具中国古代建筑传统之美；毓文雕塑体态魁实、形神俱备，尽显革命英雄勇武之气；毓文藏画或工笔，或泼墨，或写意，或油彩，彰显艺术之华。二是视听之娱。凡校所立，皆以歌名，或吟史，或言志，或抒情。而毓文校歌融志、情、趣、意为一体，集视听之欢娱；毓文古琴，金声妙律，荡涤心音。三是文字之秀。毓文校训，已逾百年。"达材成德"，书自吉林三大书法家之一史函，另有成多禄、楚图南、启功、金意庵、张运成等众多书法家精品力作，点画间映衬文字之秀。四是共情之深。不同文物有不同文物的宿命，当成多禄手抚《册宝图谱》感慨"呜呼！谁之力与？谁之力与"之时，当毓文历代师生同吟共唱"灵钟秀毓，卫道教文，吾校巍立，松花江滨。教尚忠孝，作育新民；和平博爱，信义亲仁。实学实用，矢勇矢勤。长风破浪，直步青云。努力向前进，努力向前进"[1]校歌之时，闻者心弦律动，听者共情尤深。

---

[1] 高振环.船厂记忆.长春：吉林人民出版社，2017：227.

第四章　遗存文物的价值

第四节　学术价值

我国著名教育理论家杨贤江曾说过："自有人生，便有教育。"[1]无论是原始社会、奴隶社会，还是封建社会、资本主义社会，人们的教育活动就没有停止过。教育遗存和文物是记录、证明这种教育活动的媒介，具有极高的科学价值和学术价值。毓文中学的校园旧址和文物能够较为充分地反映当时的时代背景、教育模式、科技水平等。学校旧址和馆藏文物可以帮助学校和学生拓展学习的平台和视角，引导学生以此为契机，建立和丰富学校和地方公共记忆，认识历史的变迁，掌握历史发展中的因果联系，探究和评价认识问题的方法，认识、考评和诠释历史认知和历史认知方法。

---

[1] 郭齐家.中国教育的思想遗产：回望民国.北京：教育科学出版社，2012：57.

附录　毓文藏品赏鉴

❶ 青釉镂空花卉纹长颈侈口尊
口径：24.69 cm
颈径：16.26 cm
腹径：31.53 cm
底径：19.65 cm
通高：57.8 cm

❷ 木胎黑漆嵌螺钿梅花纹瓶
口径：15.7 cm
颈径：10.67 cm
腹径：22.16 cm
底径：11.5 cm
通高：49.4 cm

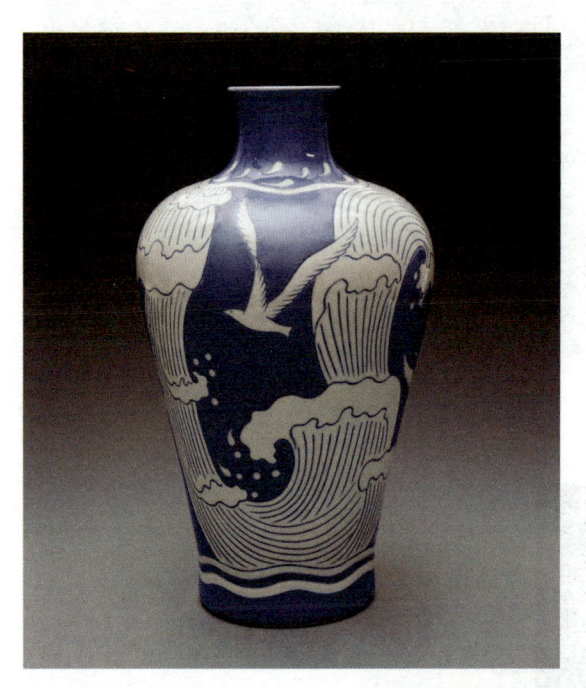

❸ 蓝地白花海鸟搏浪纹梅瓶
口径：8.1 cm
颈径：6.65 cm
腹径：22 cm
底径：13.8 cm
通高：39.5 cm

❹ 青白釉蔓草纹罐
口径：11.2 cm
腹径：21 cm
底径：12.9 cm
通高：33.6 cm

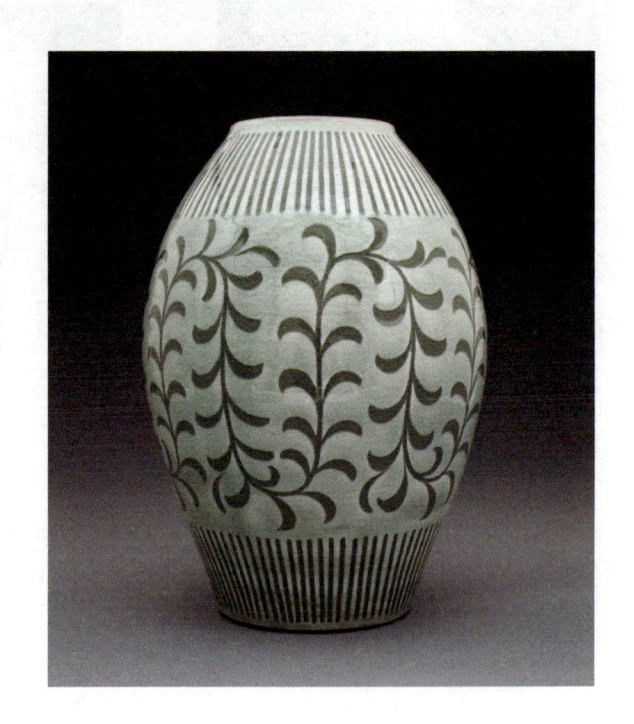

❺ 粉彩开光松鹤纹双耳花口瓶

口径：9.4 cm　　颈径：5.1 cm　　耳高：6.1 cm

腹径：15.5 cm　　底径：10.2 cm　　通高：36.2 cm

附录　毓文藏品赏鉴

❻ 粉釉堆塑梅花镂空双耳
花口瓶
口径：7.5 cm
颈径：5.5 cm
耳高：10.7 cm
腹径：21.7 cm
底径：13.1 cm
通高：51.4 cm

❼ 青釉镂空风铃花纹赏瓶
   口径：5.9 cm
   颈径：3.4 cm
   腹径：12.35 cm
   底径：6.8 cm
   通高：24.7 cm

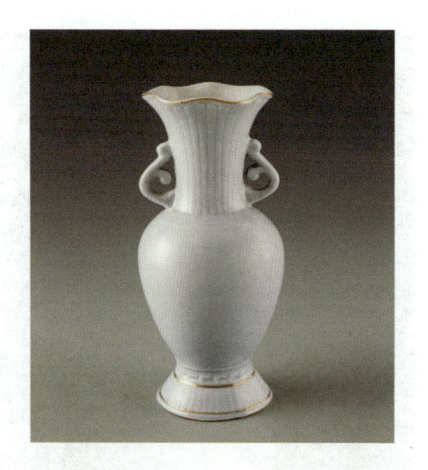

❽ 淡紫釉描金双耳花口瓶
   口径：7.4 cm　　颈径：4.03 cm
   耳高：3.6 cm　　腹径：8.7 cm
   底径：7.3 cm　　通高：19 cm

❾ 青釉开光青花山水纹垂腹瓶
   口径：10 cm
   颈径：8.9 cm
   腹径：17 cm
   底径：12.8 cm
   通高：35.4 cm

附录　毓文藏品赏鉴

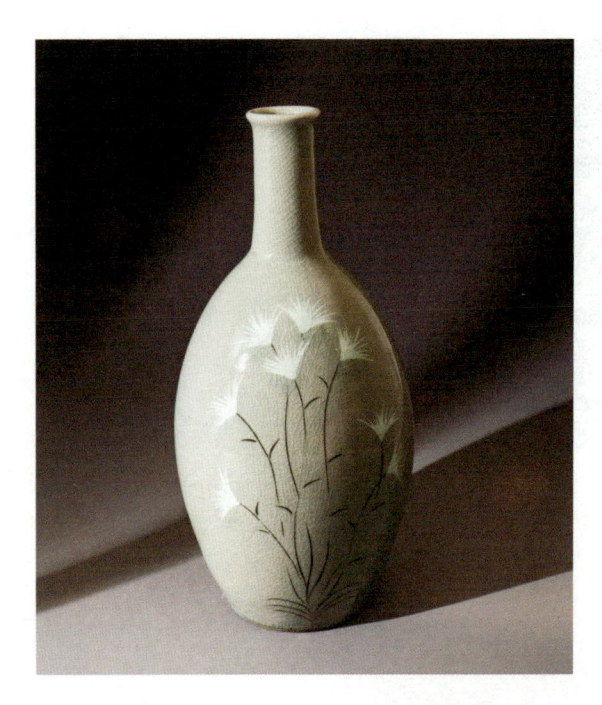

⑩ 青釉开片芦苇纹胆瓶
口径：5.25 cm
颈径：4.55 cm
腹径：17.2 cm
底径：11.3 cm
通高：39 cm

⑪ 白釉镂空花卉纹双耳花口瓶
口径：9.7 cm
颈径：5.6 cm
耳高：6.14 cm
腹径：16.1 cm
底径：10.5 cm
通高：34.5 cm

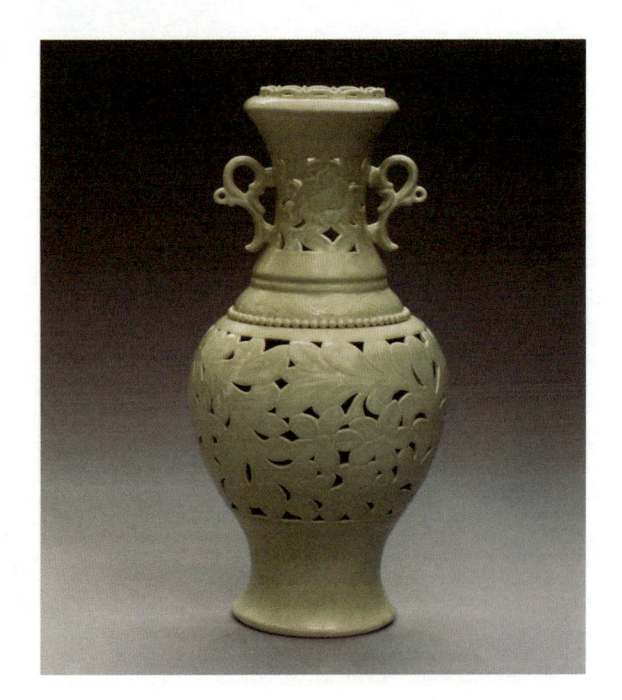

毓藏 百年名校教育文物考略

154

⑫ 青白釉锦地开光梅花纹葫芦瓶
   口径：7.2 cm
   颈径：3.6 cm
   腹径：14.4 cm
   底径：8.2 cm
   通高：29 cm

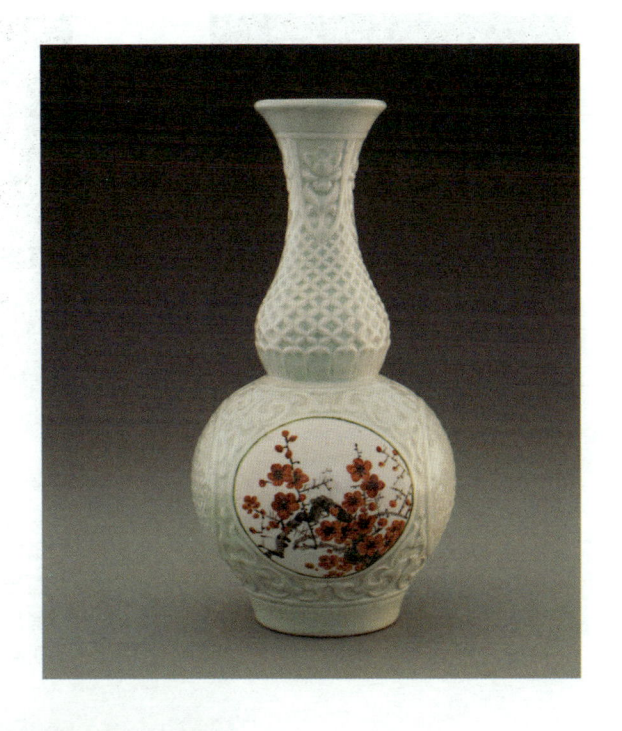

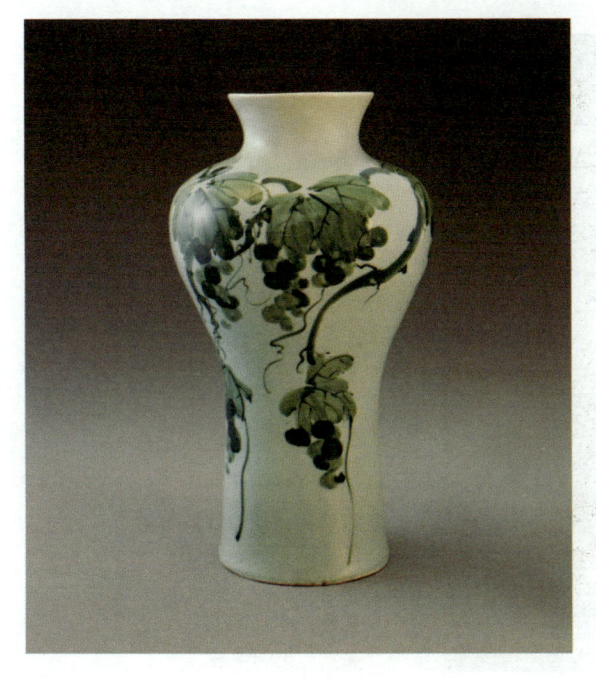

⑬ 白釉绿彩葡萄纹梅瓶
   颈径：7.03 cm
   肩径：14.7 cm
   底径：10.4 cm
   通高：29 cm

附录　毓文藏品赏鉴

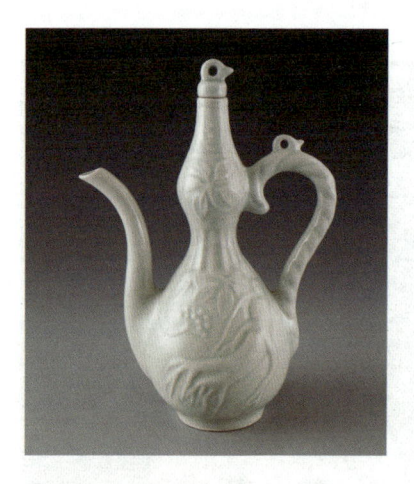

⑭ 青釉人参纹执壶
口径：2.57 cm
颈径：3.89 cm
腹径：14.3 cm
底径：7.94 cm
通高：30.7 cm

⑮ 蓝白釉贴花花卉纹橄榄瓶
口径：6.38 cm
颈径：4.97 cm
腹径：13.5 cm
底径：7.4 cm
通高：29.34 cm

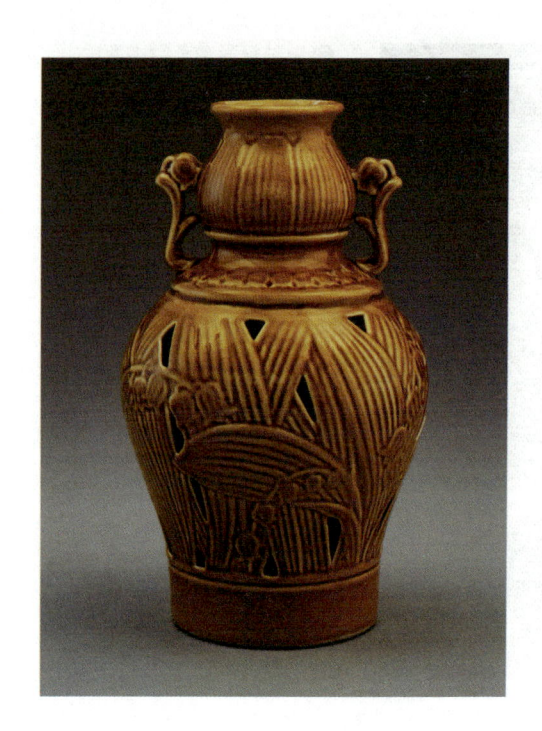

毓藏 百年名校教育文物考略

⑯ 褐釉镂空花草纹双耳瓶
口径：5.59 cm
腹径：12.7 cm
耳高：5.17 cm
通高：22.1 cm

⑰ 白釉山水纹盘
直径：16.3 cm

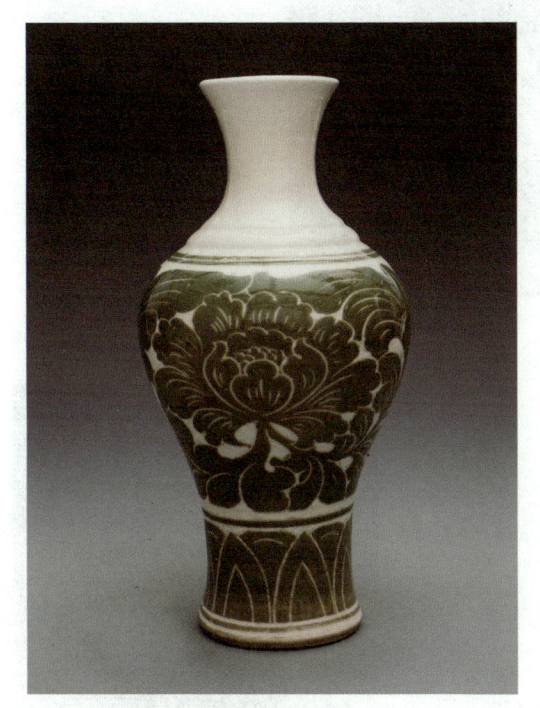

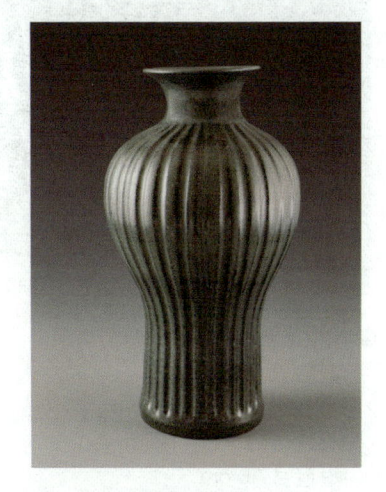

⑲ 绿釉瓜棱瓶
口径：11.77 cm
颈径：7.86 cm
腹径：18.98 cm
底径：12.7 cm
通高：37.4 cm

⑱ 白地绿彩花卉纹观音瓶
口径：7.7 cm　　颈径：4.9 cm
腹径：14.9 cm　　底径：9.45 cm
通高：31.3 cm

附录　毓文藏品赏鉴

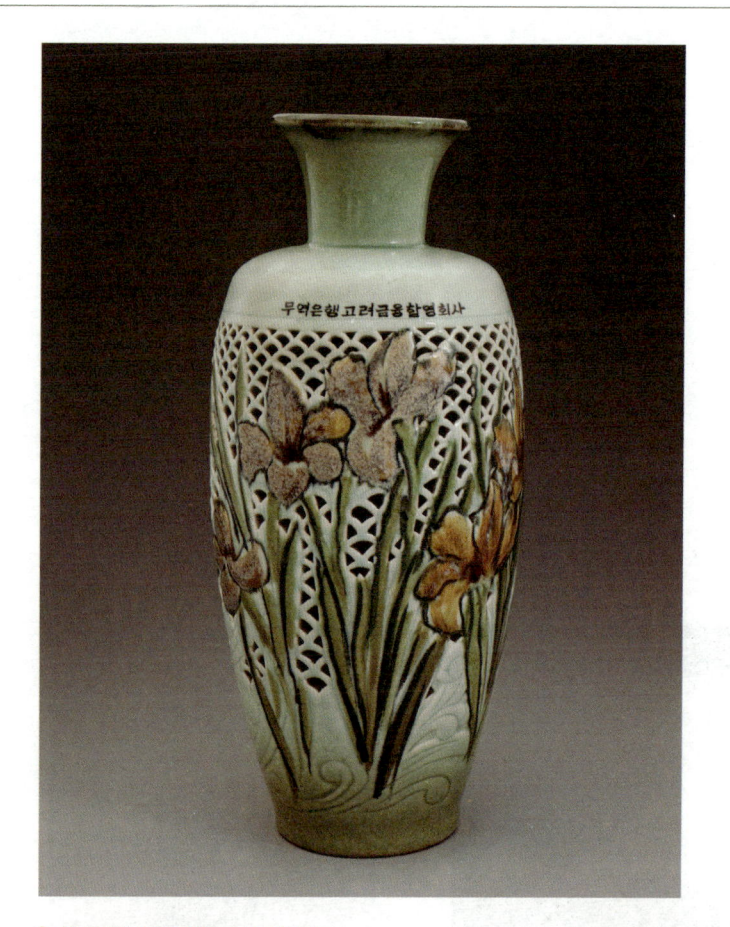

⑳ 绿釉镂空彩绘花卉纹折肩瓶
　　口径：11 cm
　　颈径：6.3 cm
　　肩径：14.09 cm
　　腹径：17.6 cm
　　底径：10.3 cm
　　通高：40.3 cm

㉑ 红釉观音瓶
　　口径：13.68 cm
　　颈径：10.28 cm
　　肩径：19.49 cm
　　腹径：21.2 cm
　　底径：15.7 cm
　　通高：45.5 cm

㉒ 青花山水纹瓶
口径：11.03 cm
颈径：6.58 cm
腹径：17.9 cm
底径：11.85 cm
通高：35.6 cm

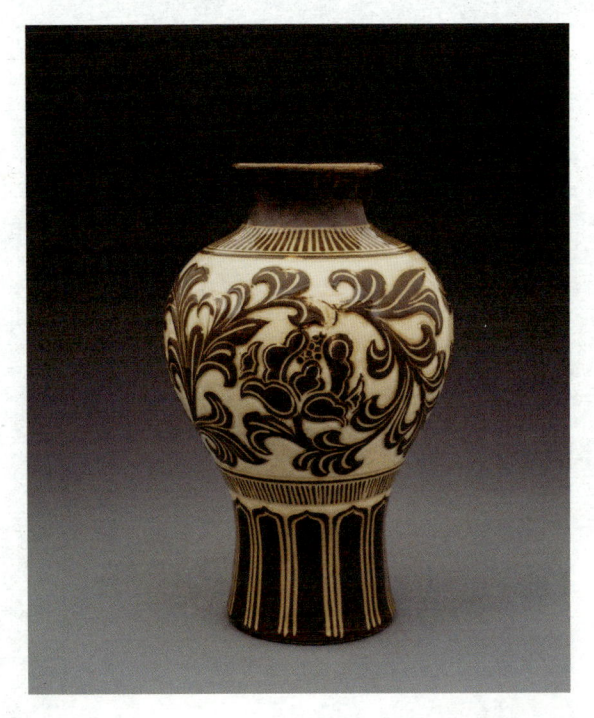

㉓ 白地绿彩剔刻花卉纹梅瓶
口径：10.65 cm
颈径：8.46 cm
腹径：19.05 cm
底径：12 cm
通高：33.2 cm

㉔ 褐釉开光花卉折肩瓶
口径：10.18 cm
颈径：5.92 cm
肩径：15.67 cm
底径：11.86 cm
通高：33 cm

毓藏 百年名校教育文物考略

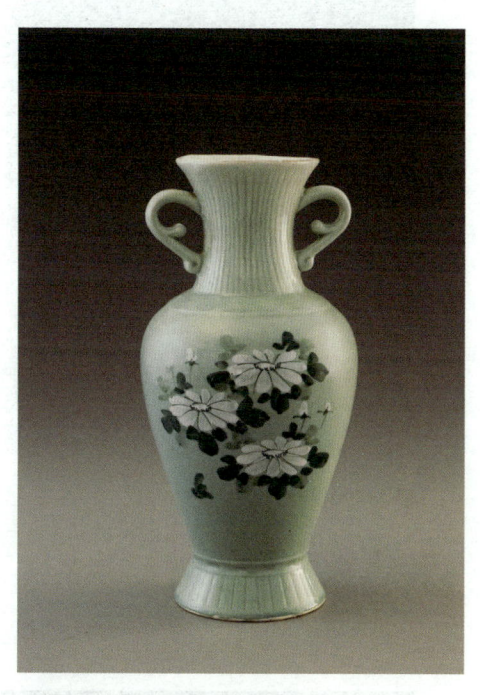

㉕ 青釉开片花卉纹双耳瓶
口径：7.5 cm
颈径：4.7 cm
耳高：4.5 cm
腹径：11.2 cm
底径：8.3 cm
通高：24 cm

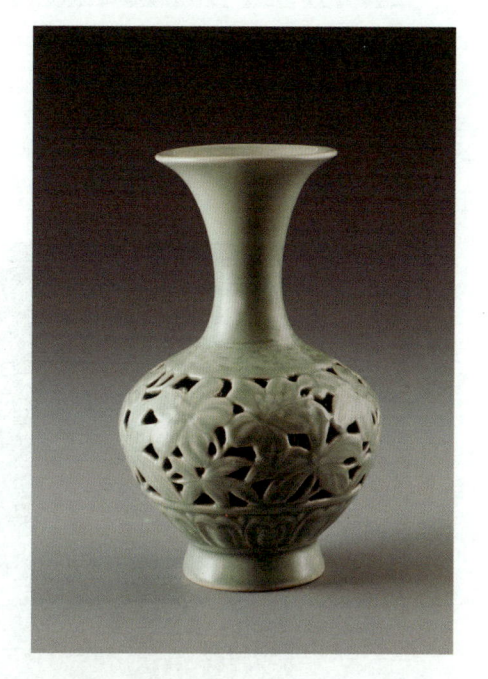

㉖ 青釉镂空花卉纹尊
口径：9.5 cm
颈径：3.6 cm
腹径：13.9 cm
底径：7.8 cm
通高：22.5 cm

附录 毓文藏品赏鉴

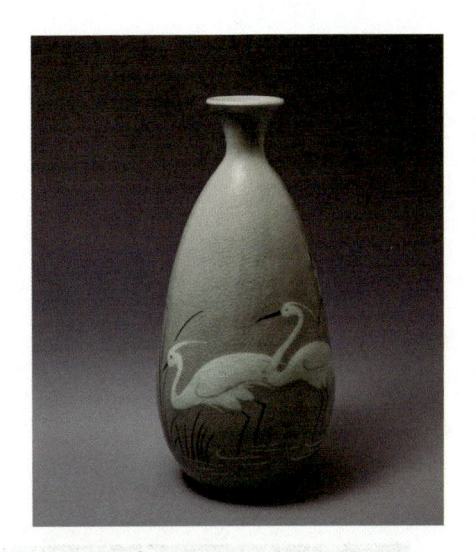

㉗ 青釉开片鸟纹瓶
口径：6.5 cm　　颈径：3.2 cm
腹径：15.2 cm　　底径：9.9 cm
通高：34 cm

㉘ 褐釉几何纹梅瓶
口径：7.15 cm　　肩径：14 cm
腰径：7.3 cm　　底径：11.05 cm
通高：24.7 cm

㉙ 青釉刻花繁花纹梅瓶
口径：4.85 cm
腹径：12.7 cm
底径：9.6 cm
通高：21.1 cm

㉚ 青釉镂空花卉纹撇口折肩瓶
口径：9.5 cm　　颈径：6 cm
腹径：13.84 cm　　底径：9.2 cm
通高：23.2 cm

毓藏 百年名校教育文物考略

㉛ 粉彩开光老虎纹双耳花口瓶

口径：8.9 cm 颈径：5.4 cm 耳高：6.9 cm
腹径：14.6 cm 底径：10.7 cm 通高：30.6 cm

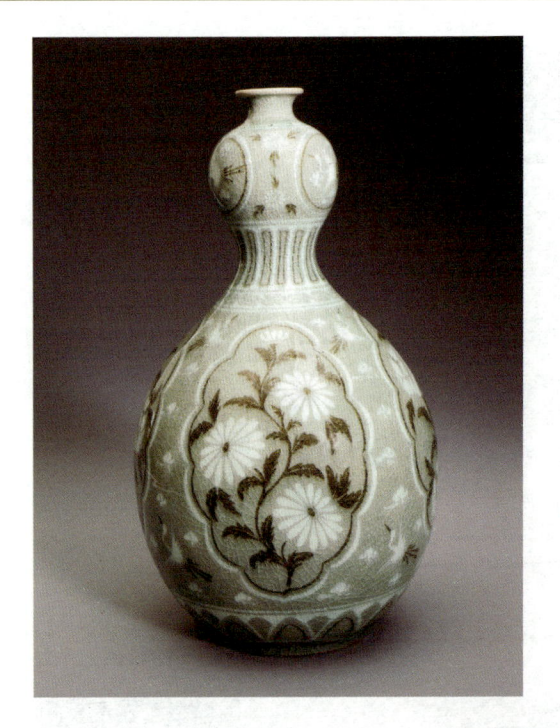

㉜ 青釉开片菊花纹葫芦瓶
  口径：4.2 cm
  颈径：4.9 cm
  腹径：18 cm
  底径：11 cm
  通高：35.2 cm

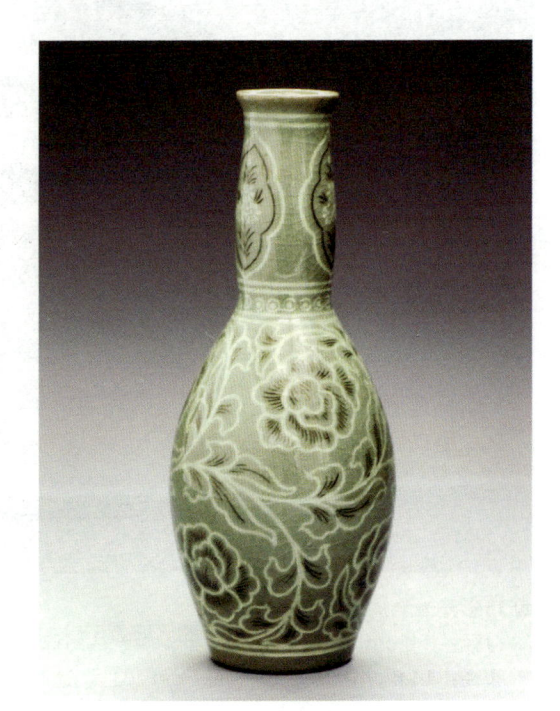

㉝ 青釉花卉纹瓶
  口径：4.6 cm
  颈径：4.56 cm
  腹径：10.3 cm
  底径：6.57 cm
  通高：26.33 cm

毓藏 百年名校教育文物考略

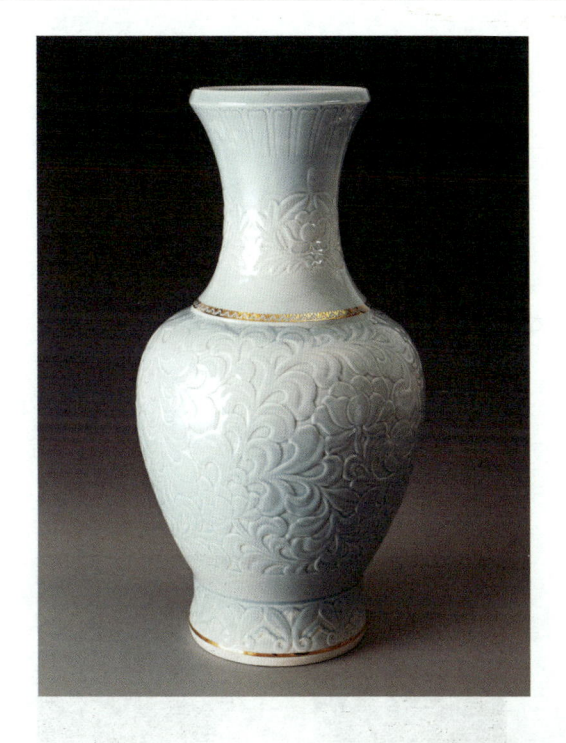

㉞ 蓝釉描金刻花缠枝花卉纹瓶
　　口径：14.68 cm
　　颈径：10.89 cm
　　腹径：22.16 cm
　　底径：16.03 cm
　　通高：48.7 cm

㉟ 青釉暗花开光花纹瓶
　　口径：19 cm
　　颈径：12.7 cm
　　腹径：30.5 cm
　　底径：19.8 cm
　　通高：57.5 cm

附录　毓文藏品赏鉴

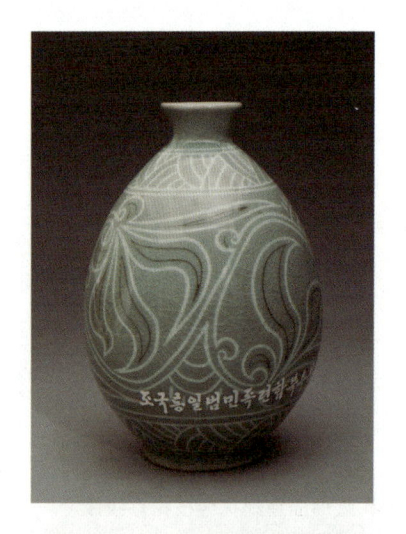

㊱ 青釉开片花卉纹小口垂腹瓶
口径：5.1 cm
颈径：3.7 cm
腹径：14.9 cm
底径：7.9 cm
通高：22.5 cm

㊲ 青釉云鹤纹梅瓶
口径：5.22 cm
肩径：13.9 cm
腹径：10.5 cm
底径：10.15 cm
通高：28.7 cm

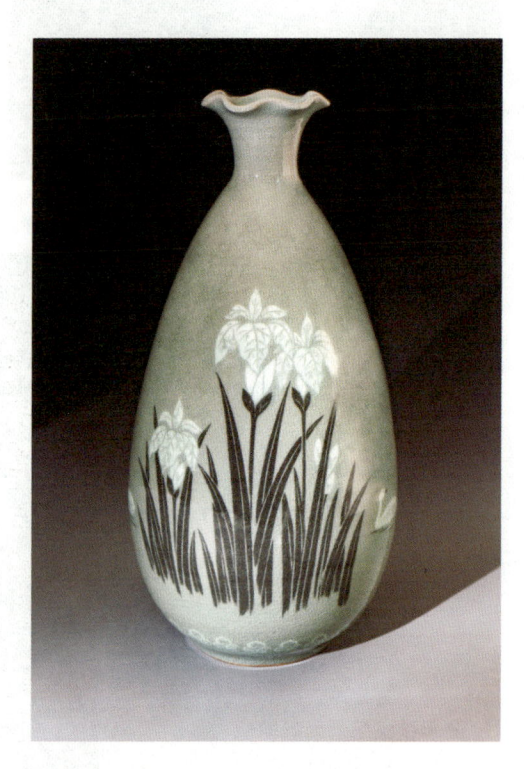

㊳ 青釉开片花卉纹花口瓶
口径：8 cm　　颈径：4.5 cm
腹径：18.7 cm　底径：11.6 cm
通高：42 cm

㊴ 白地粉彩开光
"记录朝鲜电影
摄影基地" 短
颈瓶

口径：12.6 cm

腹径：19.1 cm

底径：11 cm

通高：48 cm

㊵ 褐釉环身龙形壶
宽：24.5 cm
通厚：7.42 cm
壶盖高：8.87 cm
直径：3.73 cm
通高：31.3 cm

㊶ 黑地褐彩龙纹梅瓶
口径：4.74 cm
肩径：17.19 cm
腹径：9.9 cm
底径：12 cm
通高：29.8 cm

毓藏　百年名校教育文物考略

❷ 木胎黑漆嵌螺钿山水纹梅瓶
口径：9.09 cm　　颈径：7.32 cm　　肩径：17.38 cm
底径：10.86 cm　通高：36 cm

附录　毓文藏品赏鉴

169

❸ 彩釉朝鲜农妇瓷塑立像
　　通宽：7.34 cm
　　通厚：6.76 cm
　　通高：21.52 cm

❹ 彩釉朝鲜纺织女工瓷塑立像
　　通宽：6.87 cm
　　通厚：6.7 cm
　　通高：22.68 cm

毓藏　百年名校教育文物考略

㊺ 彩釉朝鲜战士瓷塑立像
通宽：11.6 cm
通厚：6.18 cm
通高：15 cm

㊻ 彩釉朝鲜女战士裁衣瓷塑坐像
通宽：6.55 cm
通厚：5.8 cm
通高：11.32 cm

附录　毓文藏品赏鉴

㊼ 清代红木五福捧寿纹八仙桌
长：94 cm
宽：93.6 cm
高：86.8 cm

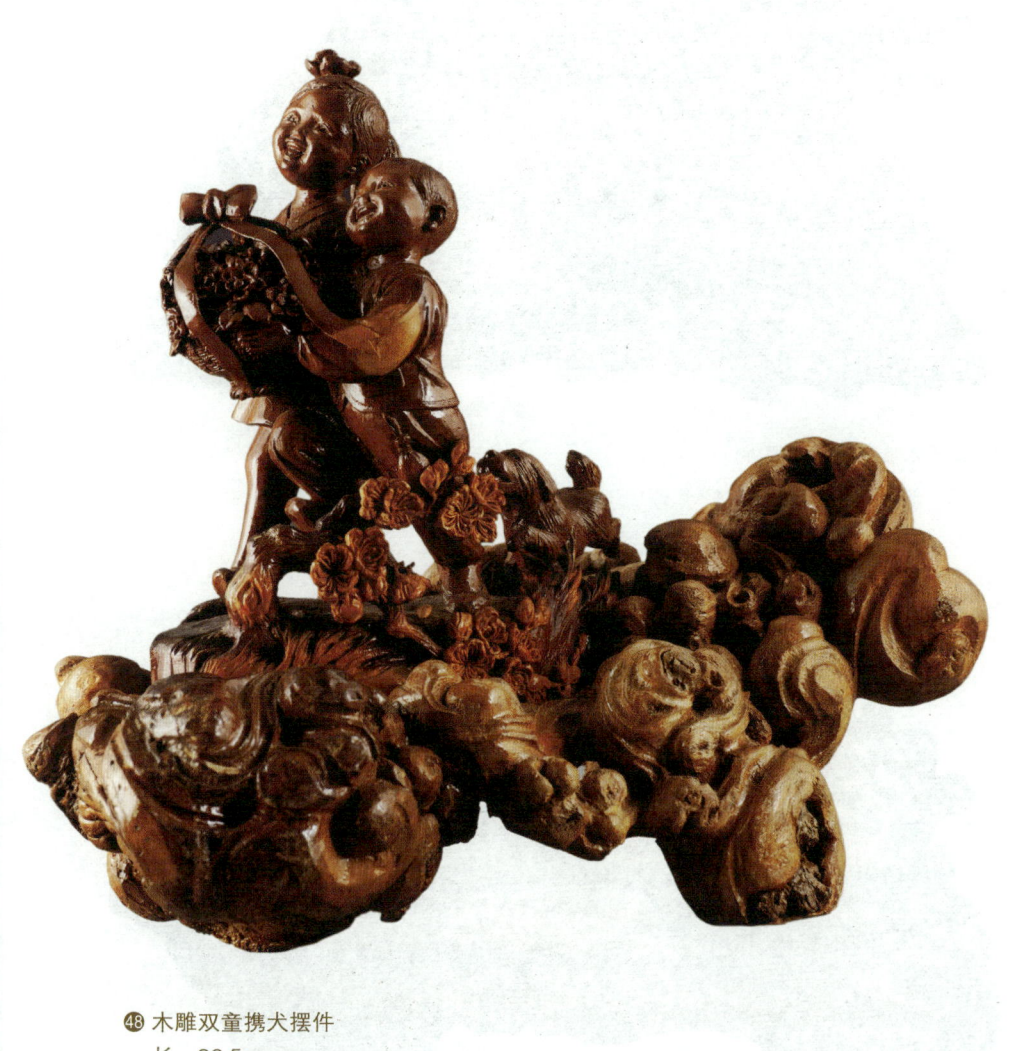

❹❽ 木雕双童携犬摆件
　　长：32.5 cm
　　宽：20 cm
　　高：28.5 cm

附录　毓文藏品赏鉴

173

㊾ 黄杨木雕童子牧牛摆件
　　长：63.5 cm　　　宽：29.4 cm　　　高：30.4 cm

㊿ 黄杨木雕风景图摆件
　　长：88 cm　　　宽：32 cm　　　高：50 cm

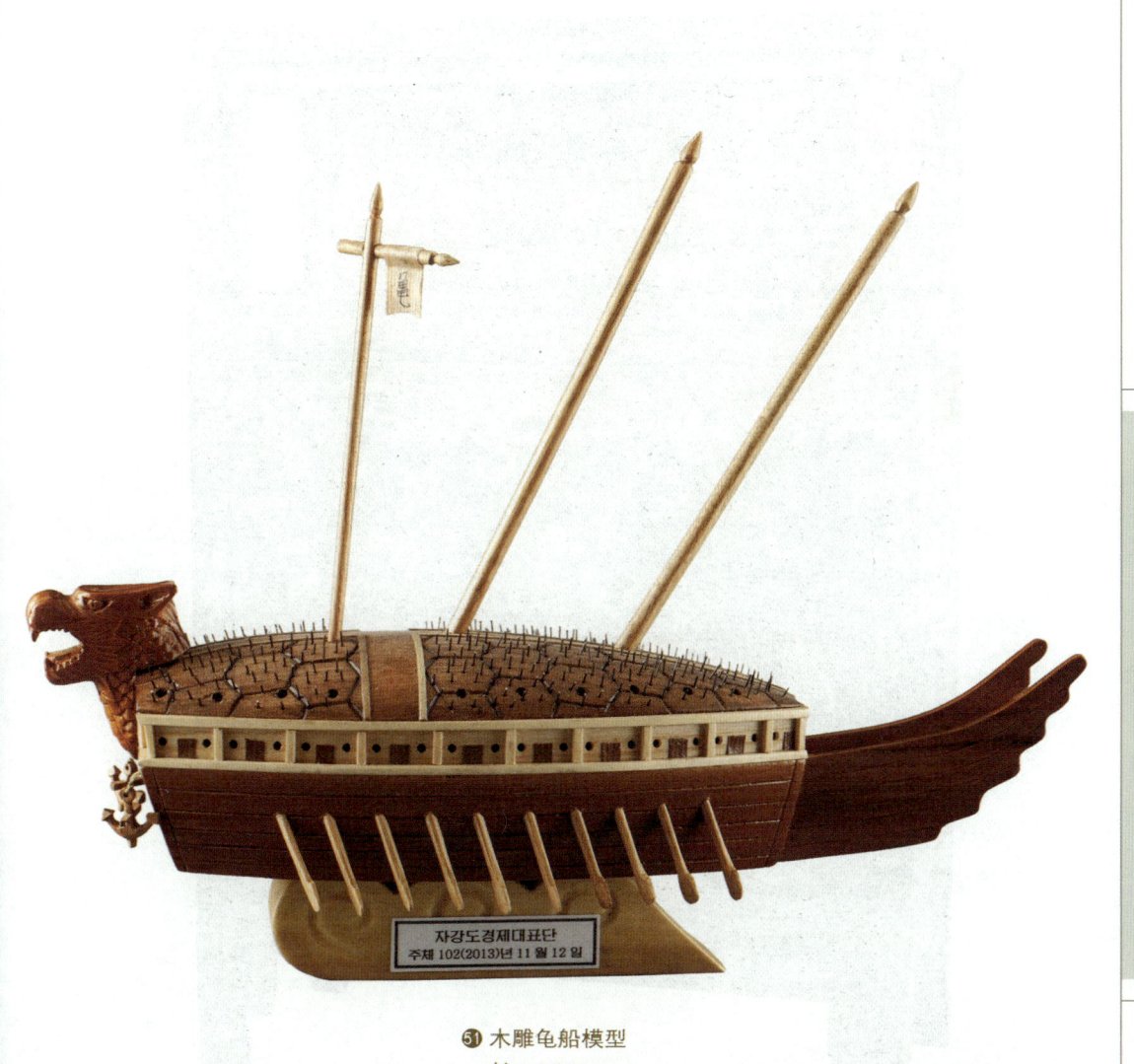

㉛ 木雕龟船模型
长：34.5 cm
宽：13 cm
高：27.3 cm

附录　毓文藏品赏鉴

175

毓藏 百年名校教育文物考略

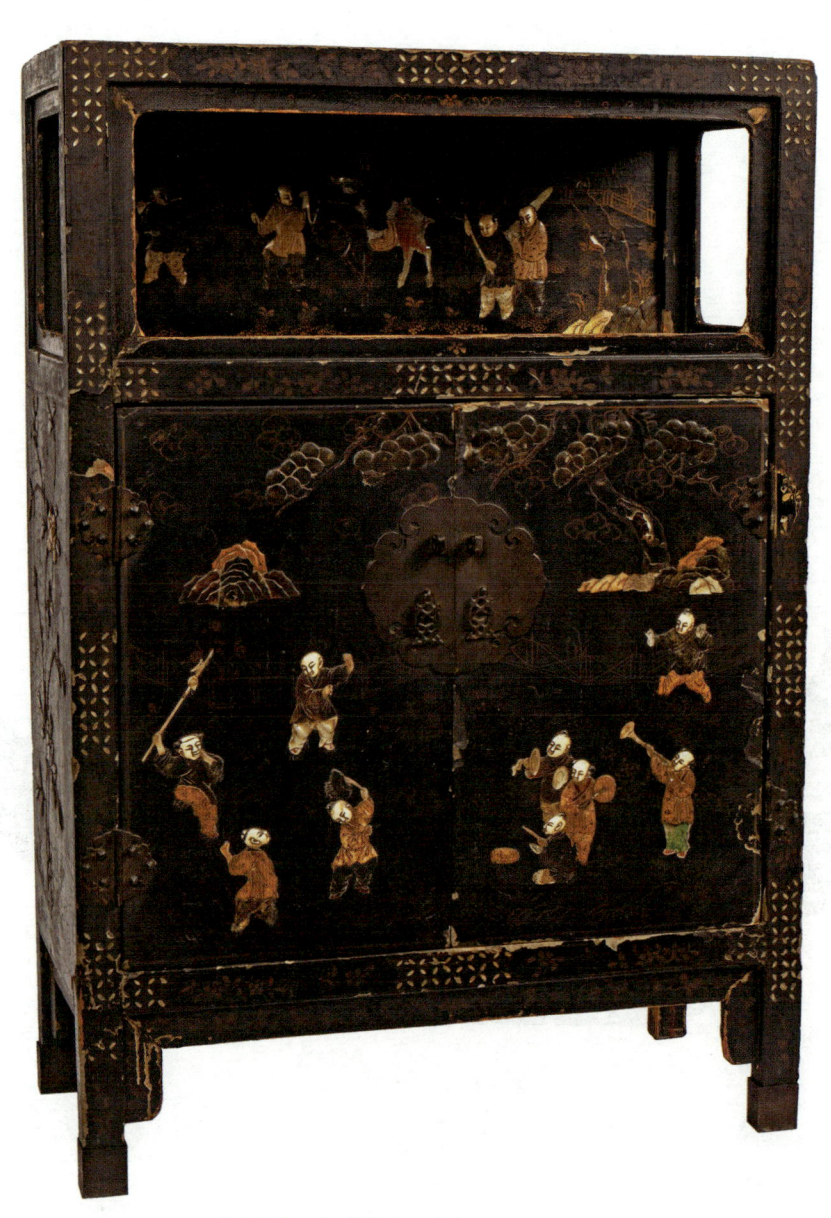

㊋ 黑漆百宝嵌婴戏图角柜
宽：62.2 cm
厚：28 cm
高：74 cm

❺ 嵌百宝人物故事图多宝箱
　　宽：51.5 cm
　　厚：36.5 cm
　　高：63.5 cm

毓藏 百年名校教育文物考略

㊹ 1964年吉林毓文中学木牌匾
高：221 cm
宽：41 cm
厚：4.2 cm

㊺ 1985年吉林大学罗继祖教授书木楹联
高：180 cm
宽：34.3 cm
厚：3.06 cm

(56) 民国史涵书毓文中学“达材成德”木匾额

长：194 cm　　　　宽：96.5 cm

(57) 1928 年吉林毓文中学演说竞技会优胜旗（复制品）

高：59.5 cm　　　　宽：34.5 cm

(58) 民国时期学校上课使用的手摇铜铃

柄径：3.72 cm

柄长：14.6 cm

铃顶径：6.96 cm

铃口径：12.66 cm

铃高：8.2 cm

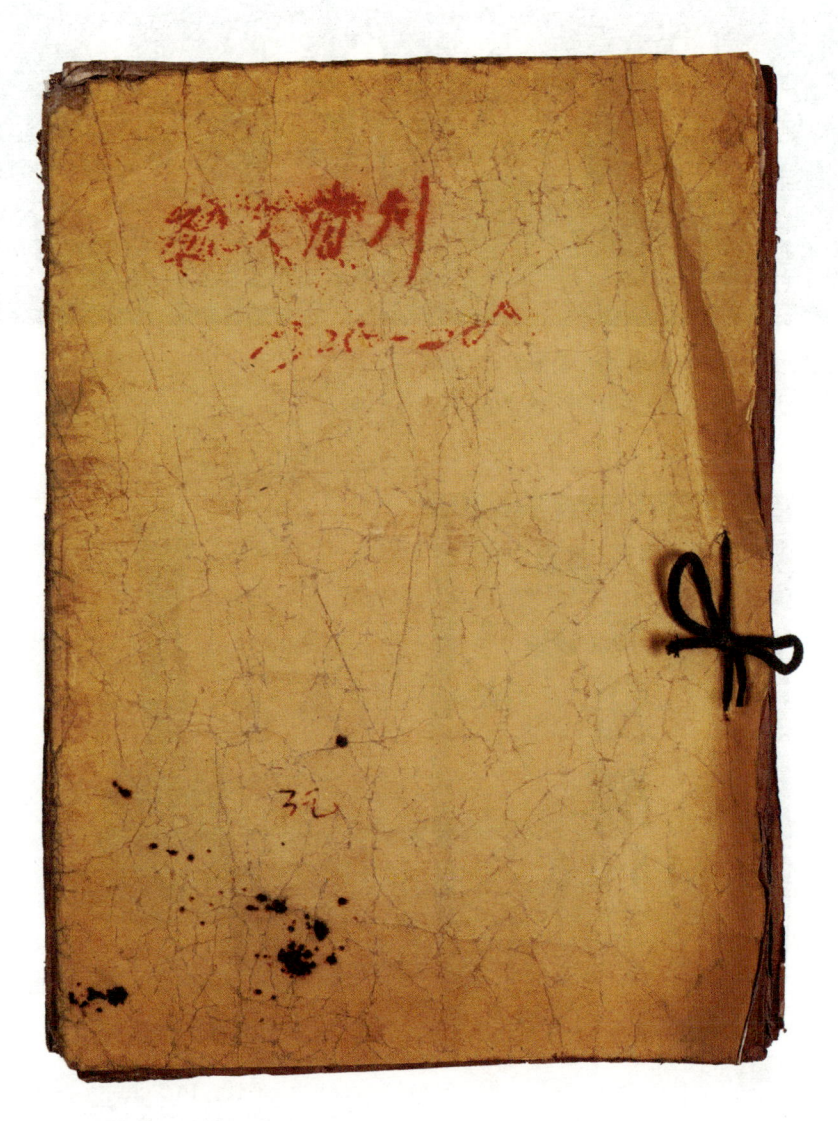

(59) 1926 年《毓文周刊》封面
长：25.5 cm
宽：18.3 cm

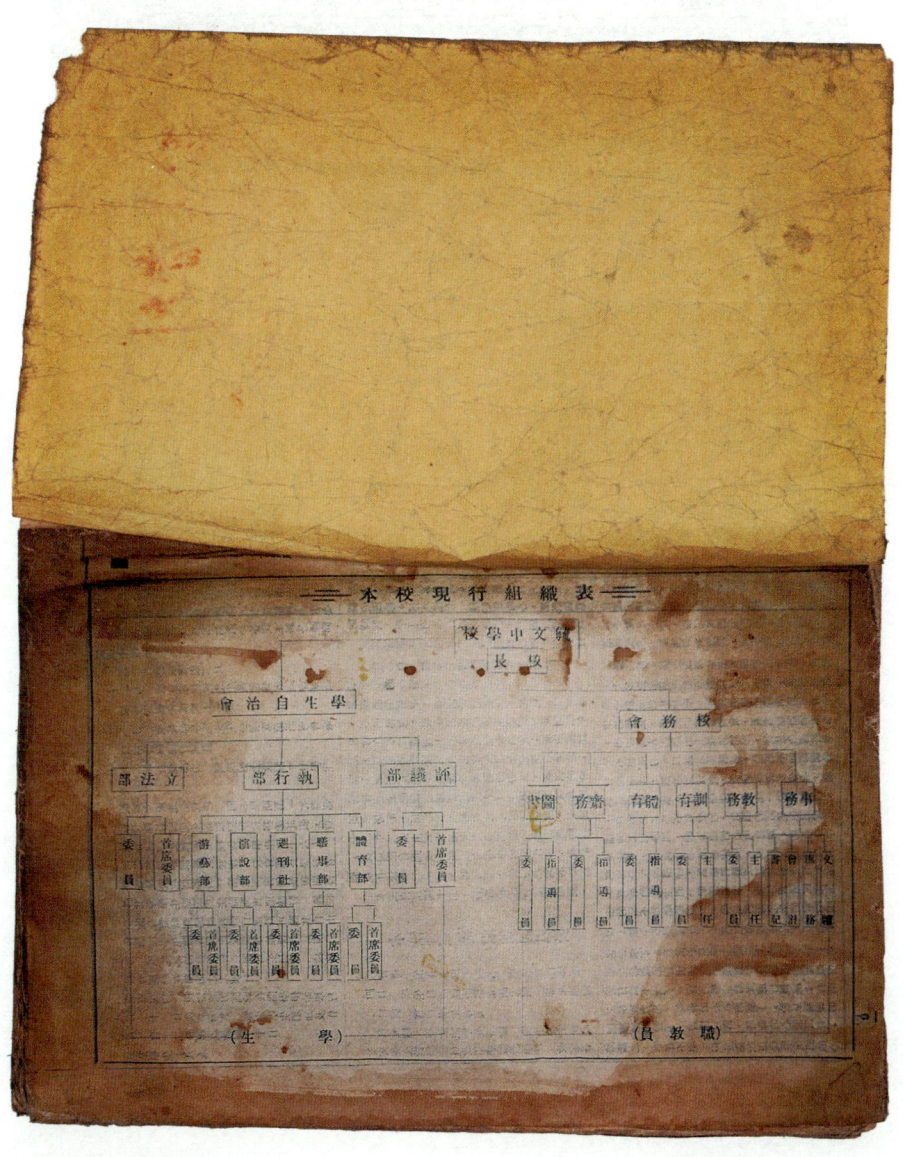

⑥ 1926年《毓文周刊》内页
　　长：25.5 cm
　　宽：18.3 cm

附录　毓文藏品赏鉴

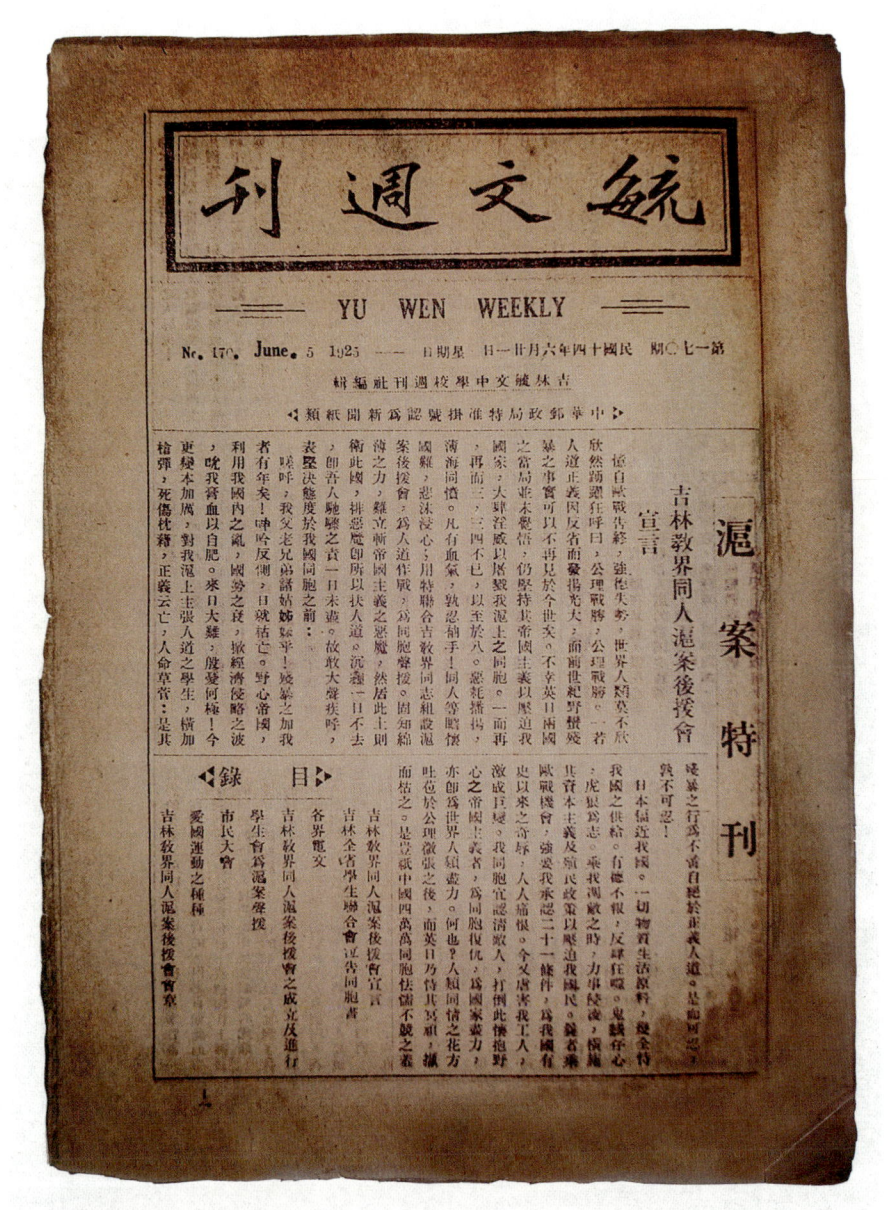

⑥《毓文周刊·沪案特刊》
长：25.5 cm
宽：17.8 cm

書愛國運動（社言一）

編者

此次因吉敦延長問題引起之愛國運動，吾人於其無上純潔之出發點，莫不思索予以充分同情。今就見聞所及綿力所能列行專號以爲應援。至將來做法何若、吾八一無成見。惟『愛國運動』體大何其！運器措施，當無人反對慎重考慮四字。如然者維事有大小，舉有緩急與冷靜熱鬧之別。而事之大者往往勿徒舉其小者熱鬧者而遺其大者冷靜者。此其能否是也、則方必舉大而避小。此又吾人認爲所願愼審考慮之根本原則也。以無自信之力與夫大無畏之勇氣，大難非可以倖心所任使已耳。此人毅萬、大難非可以爲如何、憑諸通人。外患方殷，大難非可以侯來茲。

十月二十七日

保路問題專號

▲二四七期▼

吉林毓文中學校週刊社編輯 一九二八・一〇・二八・

我們的志士聽着（社言二）

乃岑

救亡之事有賴於一旦之奮鬥亦有頼於長期之培養！—

在亡清末年，日人要修安奉路，我們並沒有正式簽字，各地方官體奔走呼號，不下令日。日人悍然不顧，强勸動工。那時本溪縣官王君曾出頭干涉，竟被日人拘逮悔辱。終於在此强橫情勢之下，築成安奉路。

現在吉敦延長，與日本之利益，不下於安奉。而引狼入室者又大有人在。且觀環境，亦並不優於被時：（一）東省無力抗日方交袂款，英美對東省內幕多有隔膜。實無力題此，（二）俄日無忌，而延展吉敦。大有「欲行卽行」之勢。這是腐敗官「那麼聽他修去好了，抗之旣無效、爭之亦徒勞」這是腐敗官倥以及胆小的知識階級的論調，我們的志士不能這樣。我們須有「知其不可而爲之」的精神。橡言之，彼能侵略，儘管侵略。我們能抗，須儘量抵抗。到不能抵抗時，亦贰有暫時隠忍，仍找機會去抵

中華郵政特准掛號認爲新聞紙類

毓文週刊

毓藏 百年名校教育文物考略

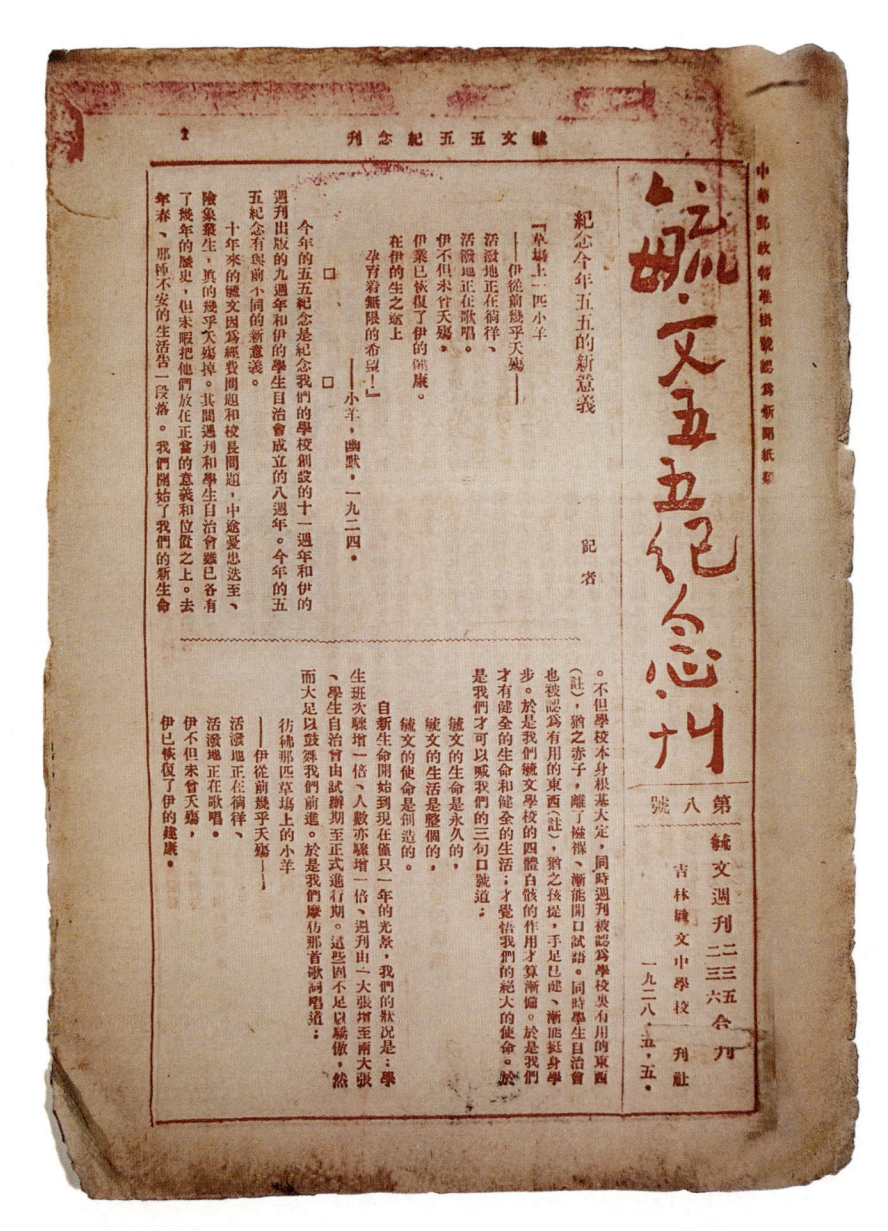

⑥③《毓文五五纪念刊》
　　长：25.5 cm
　　宽：17.8 cm

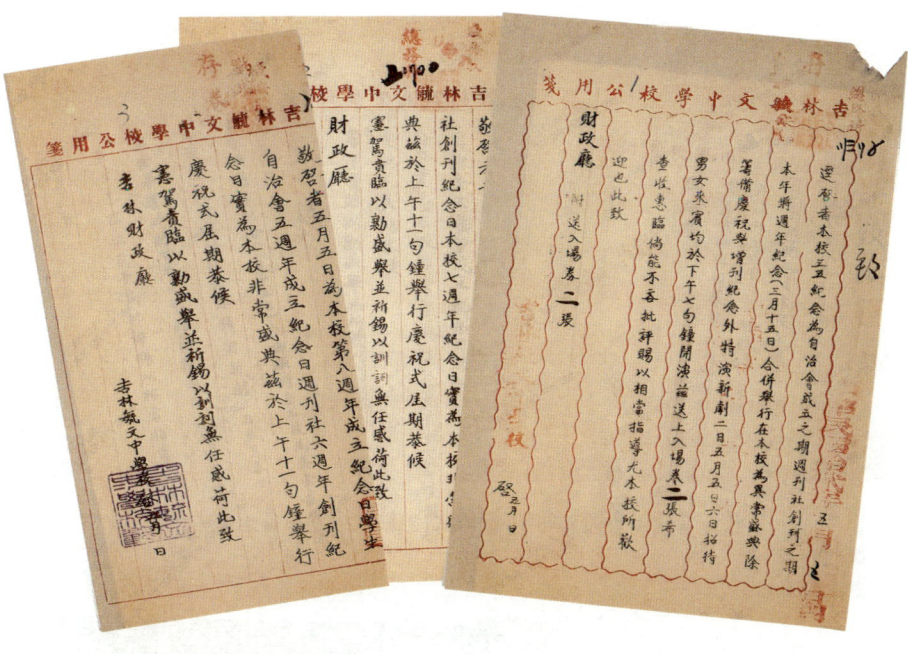

64 吉林毓文中学信笺
　　1. 长：26.6 cm　　宽：17.8 cm
2、3. 吉林毓文中学校庆邀请函
　　长：23.9 cm　　宽：13.3 cm

65 1925年毓文中学学生吴云鹏毕业成绩表
　　长：34.5 cm　　宽：23.9 cm

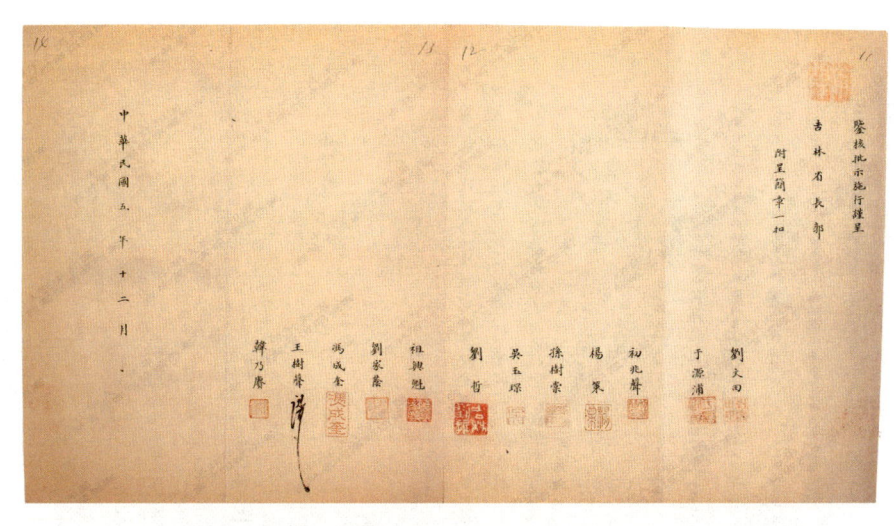

㊏ 1916年向吉林省长公署申请补助学款和校舍的毓文中学筹备组名单
长：38.6 cm
宽：22.9 cm

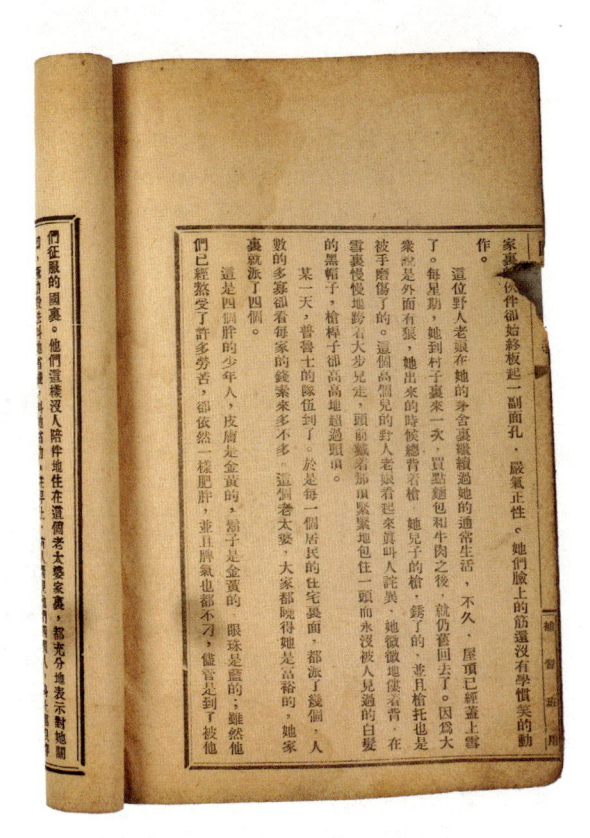

㊐ 毓文中学早期教材
长：24.5 cm
宽：16 cm
厚：1.4 cm

毓藏 百年名校教育文物考略

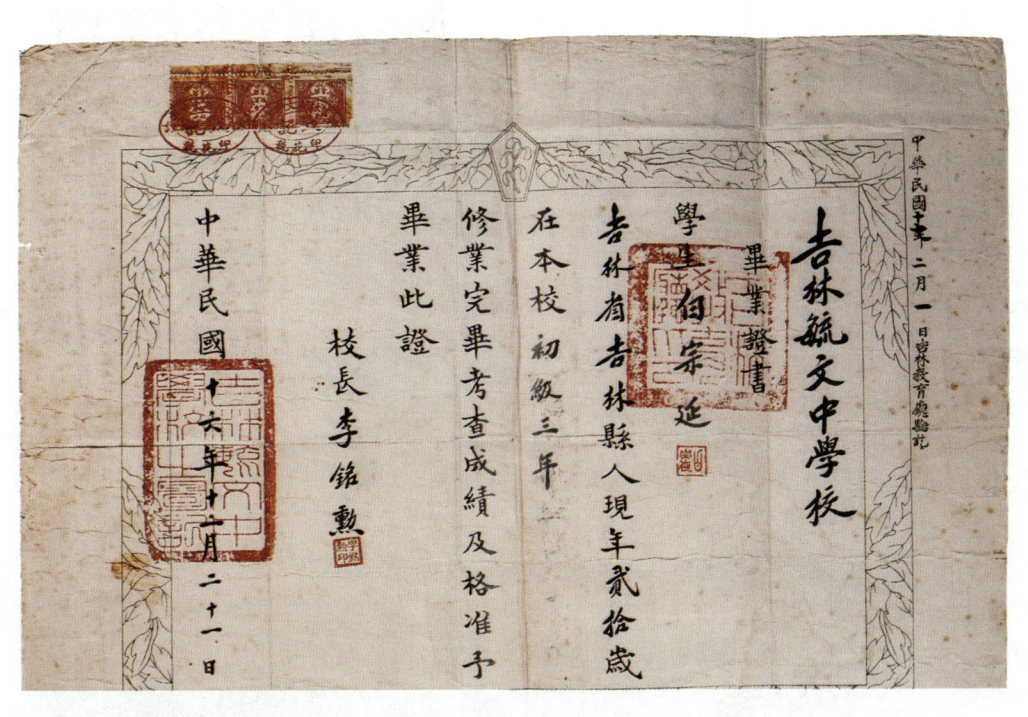

⑱ 1927年毓文中学毕业证书
  长：42.7 cm　宽：34.5 cm

⑲ 1923年毓文中学呈领吉林省
　财政厅补助收据
　长：25 cm
　宽：14 cm

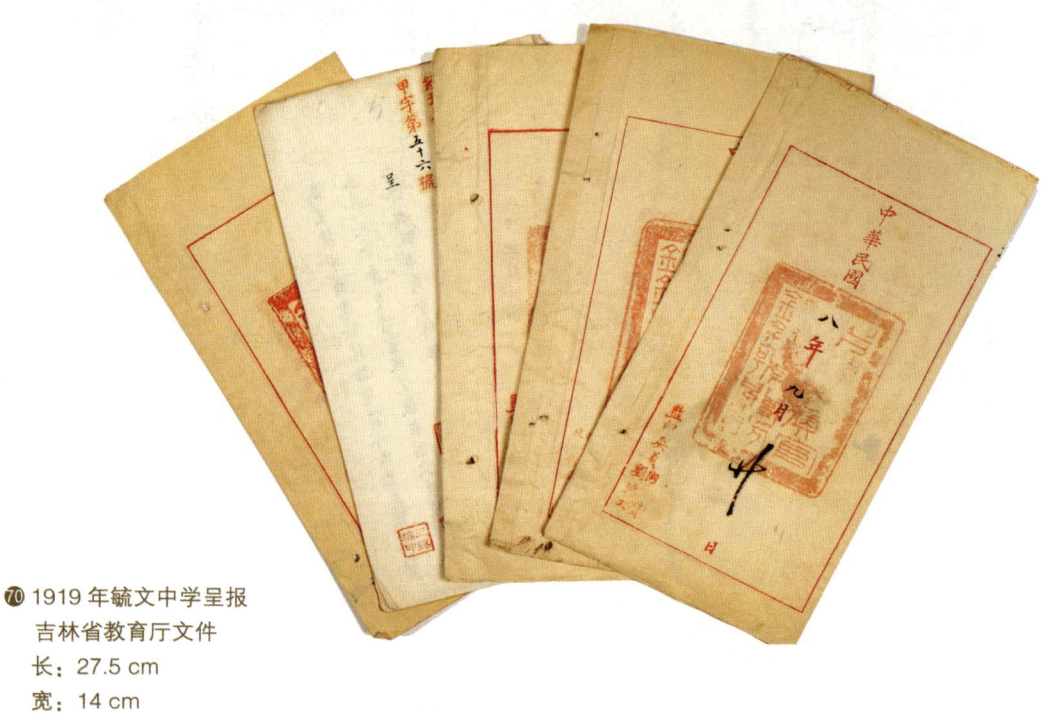

⑳ 1919年毓文中学呈报
　吉林省教育厅文件
　长：27.5 cm
　宽：14 cm

⑦ 运动会成绩表
长：25.5 cm
宽：18.3 cm

毓藏 百年名校教育文物考略

人民日报

吉林毓文中学恢复校名
让金日成同志播下的中朝革命友谊种子代代相传

新华社吉林二十三日电 吉林省吉林市二十二日隆重举行恢复吉林毓文中学校名典礼。

吉林毓文中学创立于一九一七年，中国人民亲密的朋友、朝鲜人民敬爱的领袖金日成首相一九二六年到一九二九年期间曾经在毓文中学读书，并在校内外进行革命活动。当时金日成同志曾经组织和领导"共产青年同盟"、"朝鲜留学生会"、"朝鲜少年会"等革命组织，通过各种形式向中朝两国青少年学生进行革命教育，从而推动了中朝两国人民反对共同敌人的斗争，播下了中朝两国人民牢不可破的伟大革命友谊的种子。由于这个学校的朝鲜学生积极从事反对共同敌人的斗争，一九三五年被日寇强令解散，改为小学。解放后改为吉林市船营区第三小学，随着教育事业的发展，一九六二年扩建成立了吉林市第二十二中学。为了使金日成同志当年播下的中朝两国人民伟大革命友谊的种子代代相传，永放光芒，一九五四年这个学校在当年金日成同志读过书的旧址建立了金日成首相读书纪念室。一九六三年又经上级批准，将这所中学的校名恢复为吉林毓文中学。

中共吉林省委书记处书记、中朝友好协会吉林省分会会长富振声，吉林省副省长周光，中共吉林市委第二书记辛程和吉林市市长崔次丰参加了典礼。

由郑一善率领的朝鲜平壤市彰德中学教员代表团全体成员应邀参加了典礼。

参加典礼的还有原毓文中学师生以及吉林各中学的代表共一千多人。

典礼大会上，吉林毓文中学副校长宋雅斌报告恢复毓文中学校名筹备工作情况。吉

教员代表团应邀参加
吉林市举行隆重典礼，平壤市彰德中学

林市市长崔次丰宣布校名，授校旗。这时全场响起热烈的掌声。崔次丰在会上讲话，他说，恢复吉林毓文中学是全市人民的一件大喜事。他要求毓文中学的师生永远继承和发扬金日成同志那种大无畏的革命的爱国主义和国际主义精神，高举毛泽东思想红旗，坚决贯彻党的教育方针，团结一致，奋发图强，以革命精神把这所象征着中朝两国人民深厚友谊的毓文中学办得更好。

朝鲜平壤市彰德中学教员代表团团长、彰德中学校长郑一善在会上讲话。他说，恢复毓文中学校名，是兄弟般的中国人民对我们敬爱的领袖金日成首相和全体朝鲜人民的无限尊敬和热爱的表现。他说，彰德中学和毓文中学一样，我们敬爱的领袖金日成首相曾在我们学校读过书。这是我们全校师生的莫大荣幸，我们遵循着金日成首相的教导，努力工作，刻苦学习，在教学工作中取得了优异的成绩，荣获了"千里马"学校的称号。他说，让我们两个学校的师生员工更加紧密地团结在一起，为进一步巩固和发展朝中两国人民牢不可破的友谊作出新的贡献。

毓文中学校长程秉伦代表全校师生致答词。在会上讲话的还有原毓文中学师生代表、吉林省财贸学院院长李玉纯，吉林市中学代表、吉林第一中学校长王文信等。

讲话后，毓文中学校长程秉伦和朝鲜彰德中学校长郑一善相互赠送锦旗和礼品。接着举行恢复校名的剪彩仪式。朝鲜同志参观了学校和金日成首相读书纪念室、礼品陈列室。当晚，吉林市人民委员会还举行宴会和晚会招待朝鲜同志。

⑫ 1964年2月24日报道毓文中学复名的《人民日报》（局部）
长：79 cm
宽：54 cm

⑦ 1923年毓文中学寄财政厅厅长蔡运升的信
长：18.2 cm
宽：8.5 cm

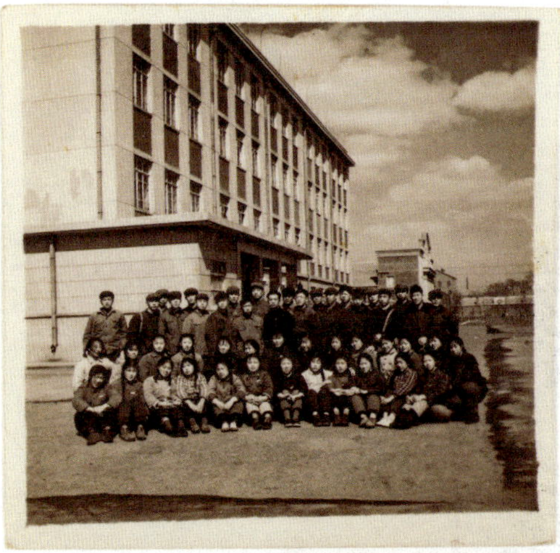

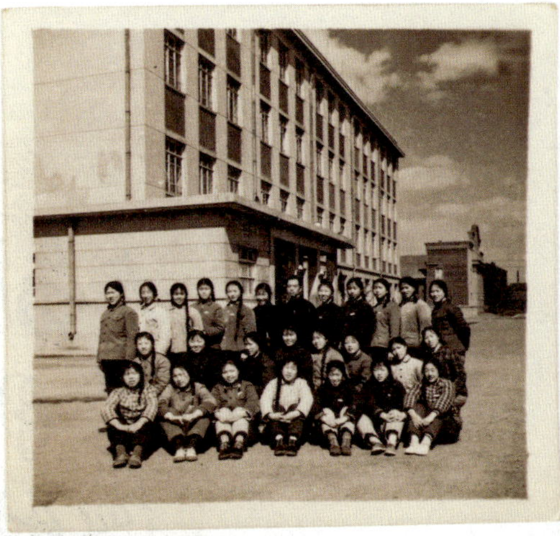

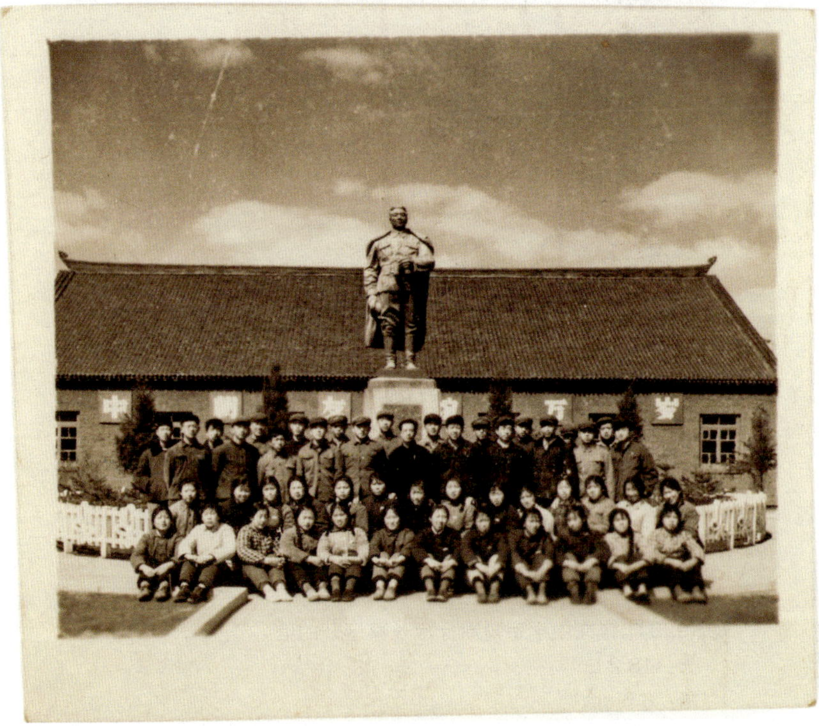

(74) – (79) 毓文中学老照片
长：5.6 cm
宽：5.6 cm

附录 毓文藏品赏鉴

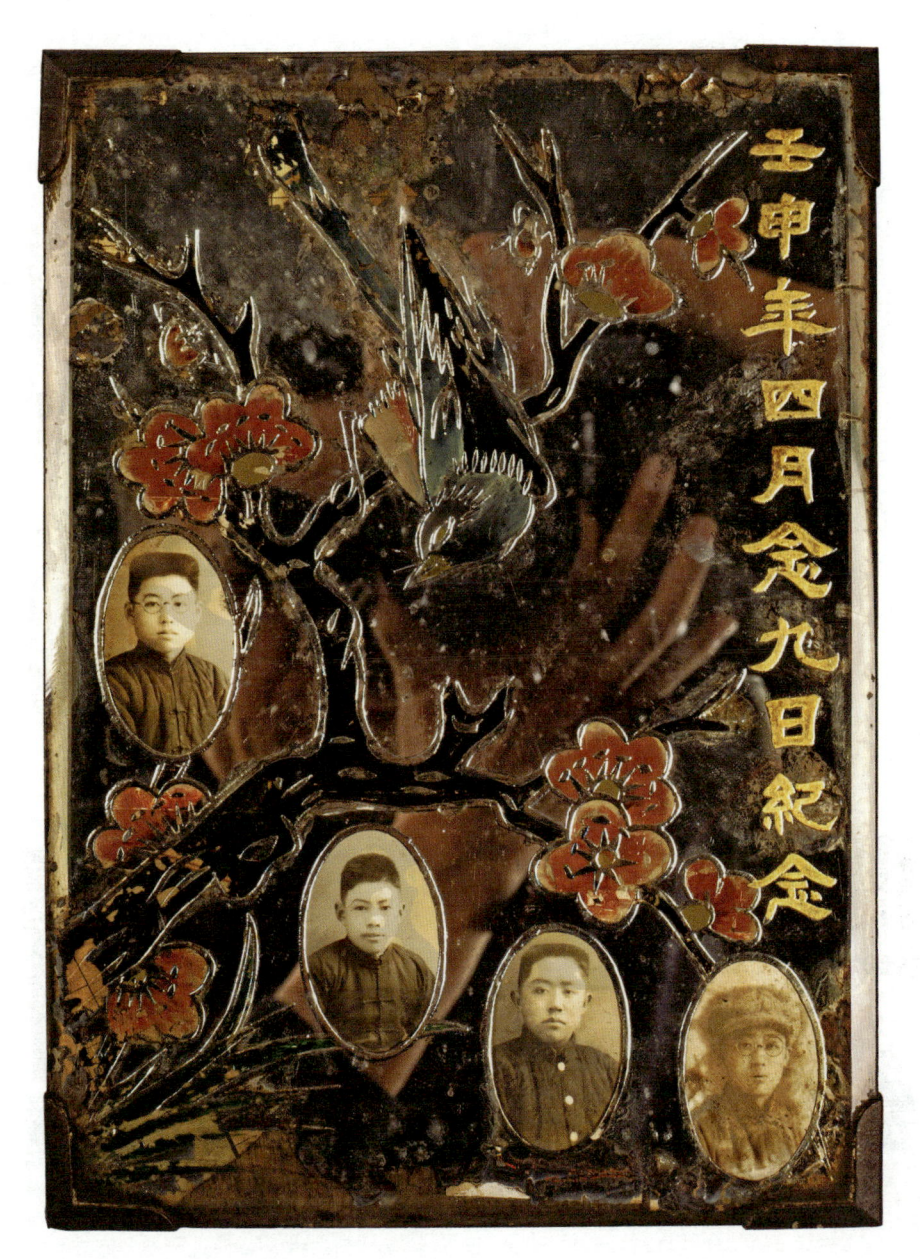

⑧ 1932 年纪念镜（背面）
　　长：20 cm
　　宽：18 cm
　　厚：2.14 cm

㉛ 毓文中学印章
　长：7.58 cm
　宽：5.84 cm
　厚：1.49 cm

㉜ 毓文中学董事部印章
　长：3.44 cm
　宽：3.5 cm
　厚：3.73 cm

附录　毓文藏品赏鉴

㉝ 毓文中学首任校长韩梓飏印章
毓文中学三位建校人之一张云责印章
毓文中学董事长于源浦印章
毓文中学第三任校长李光汉印章
长：1.25 cm
宽：1.24 cm
高：5.78 cm

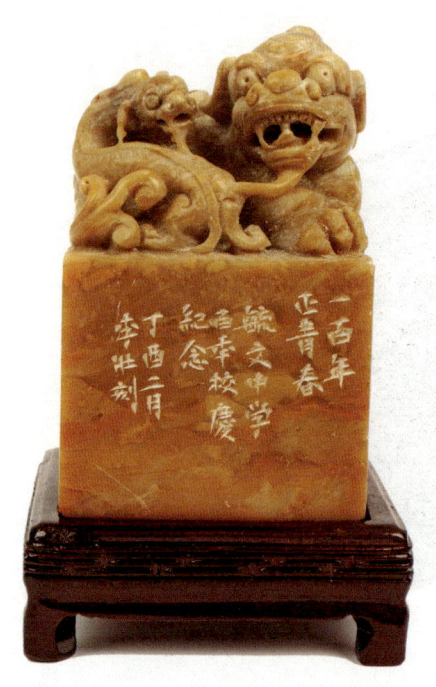

㉞ 2017年李壮刻庆祝毓文中学百年校庆寿山石印章
长：5.95 cm
宽：5.99 cm
通高：9.65 cm

毓藏 百年名校教育文物考略

⑧ 解放战争时期中国人民解放军东北军区政治部颁发的立功证
长：13.04 cm
宽：9.15 cm

附录 毓文藏品赏鉴

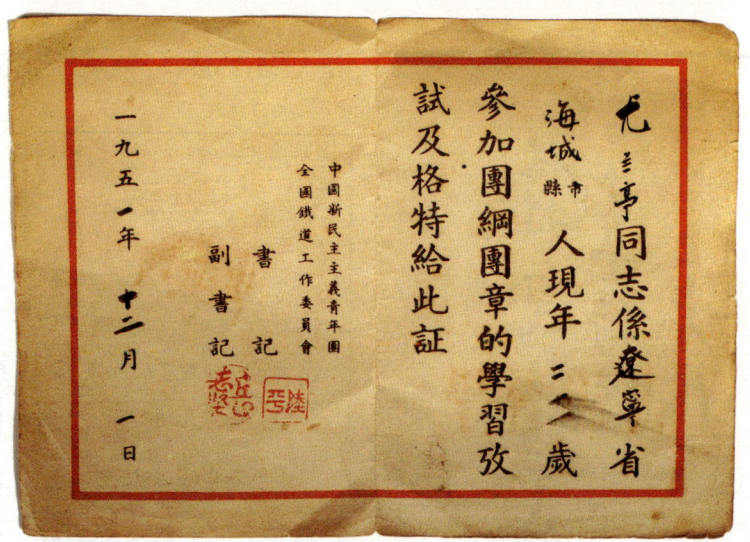

⑧ 1951年中国新民主主义青年团团纲团章学习证书
长：12.8 cm
宽：8.58 cm

⑧ 1954年出版的英雄模范日记本
长：17.9 cm
宽：12.8 cm
厚：1.75 cm

⑧ 毓文中学复名后第一届高中学生毕业证书
长：15.2 cm　　宽：17.4 cm

⑧ 1979年毓文中学毕业证书
长：25.95 cm
宽：18.9 cm

附录　毓文藏品赏鉴

199

⑨⓪ 1950 年华北解放纪念章
　　直径：3.7 cm
　　通高：6.76 cm
　　厚：0.22 cm

⑨① 1948 年解放东北纪念章
　　宽：4.5 cm
　　通高：8.26 cm
　　章高：3.7 cm
　　厚：0.1 cm

毓藏 百年名校教育文物考略

⑨² 1955 年中华人民共和国解放奖章
　　直径：3.21 cm
　　通高：8.85 cm
　　厚：0.29 cm

附录　毓文藏品赏鉴

毓藏 百年名校教育文物考略

⑨③ 1953年朝鲜民主主义人民共和国
最高人民会议常任委员会颁发给志愿军的
朝鲜民主主义人民共和国勋章
直径：3.31 cm　　通高：7.7 cm
厚：0.26 cm

⑨④ 1947年东北民主联军颁发的
英雄奖章
通高：9.92 cm
宽：4.72 cm
章高：5.33 cm
厚：0.32 cm

⑨⑤ 1947年东北民主联军颁发的
艰苦奋斗奖章
直径：3.93 cm
通高：8.1 cm
厚：0.58 cm

⑯ 解放战争时期解放西南胜利
纪念章
　　宽：3.68 cm
　　高：3.75 cm
　　厚：0.47 cm

⑰ 1951年辽东抗美援朝纪念章
　　宽：3.68 cm
　　高：3.75 cm
　　厚：0.47 cm

⑱ 解放战争时期解放华中南纪念章
　　宽：3.46 cm
　　高：3.66 cm
　　厚：0.47 cm

附录　毓文藏品赏鉴

203

⑨⑨ 解放战争时期解放
海南岛纪念章
直径：3.16 cm
厚：1.72 cm

⑩⓪ 1950 年西北军政委员会
颁发的解放西北纪念章
直径：3.34 cm
厚：0.16 cm

⑩① 1953 年中国人民赴朝鲜
慰问团给志愿军颁发的
和平万岁纪念章
直径：3.88 cm
厚：0.43 cm

⑩② 1948 年人民解放军华东军区
颁发的渡江胜利纪念章
直径：3.11 cm
厚：0.39 cm

毓藏 百年名校教育文物考略

⑩ 毓文中学不同时期的校徽
　　长：1.52 cm
　　宽：1.3 cm
　　厚：0.56 cm

附录　毓文藏品赏鉴

205

毓藏 百年名校教育文物考略

104 1983年朝鲜赠送《金刚山》刺绣作品
长：84 cm　　宽：125 cm

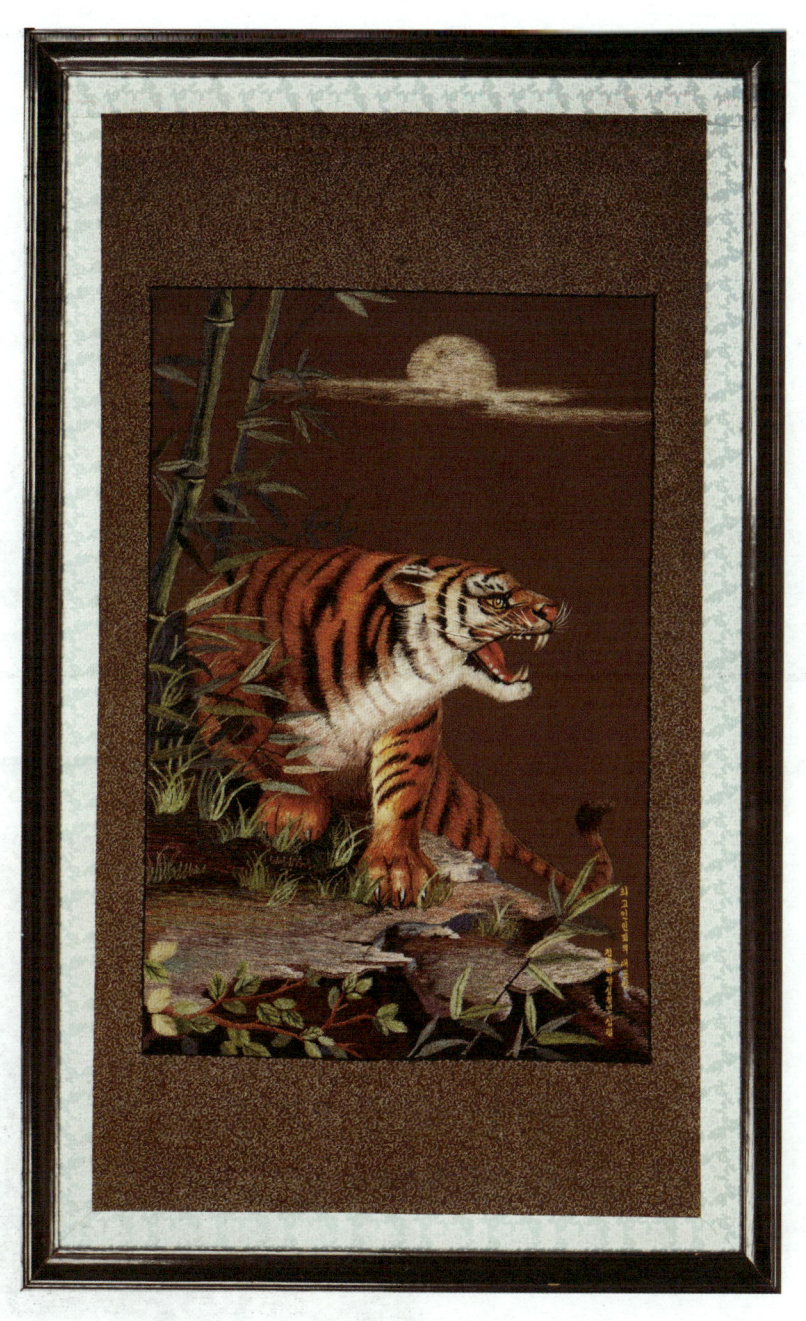

105 1987年朝鲜赠送《月夜虎啸图》刺绣作品
　　　　长：125 cm　　　宽：74 cm

106 2000年朝鲜人民艺术家郑英万
赠送油画《白头山上的朝霞》
长：248 cm
宽：93 cm

毓藏 百年名校教育文物考略

⑩ 画家贾成森国画《北山暮春》
长：480 cm
宽：150 cm

附录　毓文藏品赏鉴

108 朝鲜赠送油画《河边景色》
　　长：100 cm
　　宽：72 cm

109 日本龙凤纹大鼓
通宽：112 cm
通厚：69 cm
通高：138 cm
鼓面直径：56 cm
鼓厚：24.6 cm

附录　毓文藏品赏鉴

110 朝鲜圆鼓
　　鼓面直径：40.8 cm
　　厚：18.6 cm

111 解放战争时期我军使用的军号
　　号嘴直径：2.66 cm
　　喇叭口径：11.3 cm
　　通高：31.7 cm
　　通宽：9.9 cm

⑪² 抗日战争时期东北抗联
指挥员使用的怀表
表盘直径：5.3 cm
通高：7.43 cm
厚：1.69 cm

⑪³ 现代法国火车头形自动钟
　　长：47.3 cm　　宽：24.1 cm　　通高：44.8 cm

参考文献

（一）著作

[1] 冯贯一. 中国艺术史各论. 上海：上海书店，1990.

[2] 吴仁敬，辛安潮. 中国陶瓷史. 上海：商务印书馆，1954.

[3] 冯先铭. 中国陶瓷. 上海：上海古籍出版社，2001.

[4] 齐彪. 陶艺的起源与流变研究. 济南：山东美术出版社，2008.

[5] 周思中. 清宫瓷胎画珐琅研究 1716—1789. 北京：文物出版社，2008.

[6] Moss. 御制. Hong Kong：Hibiya Company Ltd.，1976.

[7] 金银珍. 影响学视阈下的朝鲜白瓷. 上海：同济大学出版社，2015.

[8] 胡德智，万一. 灿烂与淡雅：朝鲜·日本·泰国·越南陶瓷图史. 南宁：广西美术出版社，1999.

[9] 马承源. 中国青铜器研究. 上海：上海古籍出版社，2008.

[10] 李伯谦. 中国出土青铜器全集. 北京：龙门书局，2018.

[11] 李军. 青铜器收藏与鉴赏. 西安：陕西人民出版社，2008.

[12] 王世襄. 锦灰堆选本. 北京：生活·读书·新知三联书店，2020.

[13] 上海博物馆. 琳琅：上海博物馆藏珍品导览. 北京：北京大学出版社，2015.

[14] 张齐明. 亦术亦俗：汉魏六朝风水信仰研究. 北京：中国人民大学出版社，2011.

[15] 商子庄. 木鉴. 北京：化学工业出版社，2008.

［16］袁进东，周京南，胡景初.中国古代物质文化史：家具.北京：开明出版社，2020.

［17］杨鸿勋.杨鸿勋建筑考古学论文集.增订版.北京：清华大学出版社，2008.

［18］张复合.中国近代建筑研究与保护.5.北京：清华大学出版社，2006.

［19］冯琳.中国近代建筑：民族形式.北京：中国建筑工业出版社，2021.

［20］何宝通.中国传统家具图史.北京：北京联合出版社，2019.

［21］铁源.中国古代珐琅器.北京：华龄出版社，2005.

［22］杨伯远.中国金银玻璃珐琅器全集：6.石家庄：河北美术出版社，2002.

［23］李雨来，李玉芳.中国传统织绣实物考.北京：中国纺织出版社有限公司，2022.

［24］齐东方，李雨生.中国古代物质文化史·玻璃器.北京：开明出版社，2018.

［25］邱捷.近代中国民间武器.北京：社会科学文献出版社，2012.

［26］翁连溪，袁理.古籍春秋：中国古籍善本鉴赏与收藏.北京：新世界出版社，2009.

［27］翟立伟，成其昌.成多禄集.长春：吉林文史出版社，1988.

［28］吕全成.印学研究.北京：文物出版社，2020.

［29］周正举.印章谈片.成都：四川出版集团巴蜀书社，2012.

［30］张明华.古代玉器.北京：文物出版社，2006.

［31］王荣.中国早期玉器科技考古与保护研究.上海：复旦大学出版社，2020.

［32］吴棠海.中国古代玉器.北京：科学出版社，2012.

［33］干福熹，等.中国古代玉石和玉器的科学研究.上海：上海科学技术出版社，2017.

［34］张荣斌.馆藏近代徽章研究.郑州：河南人民出版社，2018.

［35］万新华.图像、风格、观念：中国现代绘画史研究丛稿.济南：山东美术出版社，2013.

［36］张亚莉.中国油画的民族化研究.北京：北京工业大学出版社，2019.

[37] 刘淳.架上风云：中国油画随想录.南宁：广西美术出版社，2021.

[38] 梅墨生.现当代中国书画研究.西安：陕西人民美术出版社，2005.

[39] 孙振华.中国当代雕塑史.北京：中国青年出版社，2018.

[40] 克劳斯.现代雕塑的变迁.北京：中国民族摄影艺术出版社，2017.

[41] 伍玉明，等.生物标本的采集、制作、保存与管理.北京：科学出版社，2010.

[42] 刘东升.中国古乐器.武汉：湖北美术出版社，2003.

[43] 徐海准.《乐学轨范》唐部乐器图说之研究.武汉：华中师范大学出版社，2015.

[44] 王坦.琴旨.北京：中国书店，2018.

[45] 应桃.中国音乐文化亚洲传播史研究：以6至13世纪日本、朝鲜为中心的考察.成都：四川大学出版社，2017.

[46] 李澍田.吉林纪略.长春：吉林文史出版社，1993.

[47] 孟东风.吉林近代史稿.长春：吉林文史出版社，1994.

[48] 孙乃民.吉林通史.长春：吉林人民出版社，2008.

[49] 王魁喜，常城，李鸿文，等.近代东北人民革命斗争史.长春：吉林人民出版社，1984.

[50] 孙培青.中国教育史.2版.上海：华东师范大学出版社，2000.

[51] 廖维宇.吉林毓文中学校史.长春：吉林教育出版社，1997.

[52] 姜国富.毓文校史.长春：时代文艺出版社，2017.

[53] 廖维宇.毓秀钟灵荟英才：吉林毓文中学名人录.长春：吉林教育出版社，1997.

[54] 韩非，关东瀚.达材成德毓文人.长春：吉林人民出版社，2006.

（二）期刊

[1] 丁蓉蓉.开创历史的叙事学研究新维度：评《空间叙事学》.中国教育学刊，2022（8）.

[2] 余凯，逄世龙.现代学校治理视域下校长的价值选择.中国教育学刊，2022（8）.

［3］檀传宝.发展范式转型的意味：论"2019年以后"的中国与中国教育应有的变革.中国教育学刊，2022（8）.

［4］吴河江.区域教育现代化的深层认识、有益探索与推进策略.中国教育学刊，2022（8）.

［5］王鑫，鞠玉翠.审美素养：从素朴审美力到生活艺术家.教育研究，2022，43（7）.

［6］刘正宏，孙磊.新时代背景下非物质文化遗产面向教育传承研究.美术教育研究，2022（13）.

［7］孟令法.非物质文化遗产研学机制的在地化建构探析.非遗传承研究，2022（1）.

［8］包丹丹.孔子教育思想研究百年：兼论中国教育史学科的百年建构.教育史研究，2022，4（1）.

［9］阎琨，吴菡，张雨颀.社会责任感：拔尖人才的核心素养.华东师范大学学报（教育科学版），2021，39（12）.

［10］何依，刘曙光，李耀申，等.笔谈：革命文物的内涵解绎、保护运用与传播传承.中国文化遗产，2021（6）.

［11］周勇.大变局、民族复兴与新课程：大历史视野中的二十年课程改革.全球教育展望，2021，50（10）.

［12］李炼，邹埕鸶.论孔子的教育伦理思想.长春理工大学学报（社会科学版），2021，34（5）.

［13］史秋衡，谢玲.构建服务全民终身学习的教育体系的价值解读.北京大学教育评论，2021，19（3）.

［14］孙强.结构·范式·符号：传统榫卯结构的审美转向.河北科技大学学报（社会科学版），2021，21（1）.

［15］吴全华.全面深化基础教育改革应处理好的几个基本关系.教育发展研究，2020，40（Z2）.

［16］周政雅，李近，张仲凤.榫卯的凹凸转折中之极致匠心.中国林业产业，2019（7）.

［17］王晨曦.中国传统木结构之榫卯结构的美学研究.美与时代（上），

2019（3）.

[18] 贾旭东.革命文物概念及其界定.北京师范大学学报（社会科学版），2018（6）.

[19] 崔玉平，薛亚峰.论百年高中学校教育遗产资源的开发与利用.教育经济评论，2018，3（1）.

[20] 王璐璐.教育文化遗产概念、特点及价值分析.高教探索，2017（9）.

[21] 陈标.古典花格榫卯技艺的传承与创新.上海工艺美术，2016（2）.

[22] 周俊玲.论教育遗产的文化价值及其保护利用.西北大学学报（哲学社会科学版），2015，45（1）.

[23] 沙培宁，许丽艳.挖掘百年老校文化宝库 引领首都小学文化建设：北京市小学百年老校文化传承与建设论坛召开.中小学管理，2012（12）.

[24] 牛淑贞.清代归绥城文庙研究.内蒙古师范大学学报（哲学社会科学版），2012，41（6）.

[25] 孙太雨，付艳.文化遗产视角下东北文庙教育功能与价值探究.辽宁教育行政学院学报，2012，29（3）.

[26] 孔素美，白旭.中国古代书院建筑形制浅析：以中国古代四大书院为例.华中建筑，2011，29（7）.

[27] 尹蕾.中国扬琴起源概说.艺术评论，2010（11）.

[28] 王雷.辽宁教育遗产：传承、保护与开发.沈阳师范大学学报（社会科学版），2010，34（5）.

[29] 王雷.中国教育文物：内涵、分类与收藏.河北师范大学学报（教育科学版），2009，11（7）.

[30] 李方容，徐煜辉，李和平.教育文化遗产的特殊性及在历史文化遗产中的作用.四川建筑，2009，29（3）.

[31] 柳雯.中国文庙文化遗产价值及利用研究.济南：山东大学，2008.

[32] 周文海.促百年名校推新 建南京教育名城：南京市推进百年名校建设的实践与思考.教育发展研究，2008（2）.

[33] 万书元.中国书院建筑的语义结构与纪念性特征.华中建筑，2006（11）.

［34］何礼平，应四爱.我国古代书院建筑的伦理学诠释.华中建筑，2006（11）.

［35］杨青新.隋唐科举制考论.南阳师范学院学报（社会科学版），2005（11）.

［36］苑利.文化遗产与文化遗产学解读.江西社会科学，2005（3）.

［37］万书元.简论书院建筑的艺术风格.南京理工大学学报（社会科学版），2004（2）.

［38］龙彬.中国古代书院建筑初探.重庆建筑大学学报（社科版），2000（3）.

［39］徐金星.关于汉魏洛阳故城的几个问题.华夏考古，1997（3）.

［40］周东平.关于科举制起源的几点意见.历史研究，1984（6）.

［41］段鹏琦.汉魏洛阳故城太学遗址新出土的汉石经残石.考古，1982（4）.

［42］许梦瀛.略谈孔子的教学法思想.人民教育，1957（2）.

后 记

  2016年8月，我有幸成为吉林毓文中学复名后的第十任校长（建校第十四任）。更为幸运的是，我成为毓文中学建校百年庆典的组织者和见证人。在筹划校庆的过程中，我深深地为这所百年名校的厚重、深邃、博大所震撼。毓文不只是一所百年名校，更是一部吉林的近代史、文化史、教育史、革命史和奋斗史。震撼之余，我也在思考，我该用一种什么样的方式去守护它、解读它、传承它？为了寻找答案，我不断挖掘毓文的文化资源，整理毓文的历史信息，梳理毓文背后的成长脉络。在一次次与毓文先贤们的精神共鸣、隔空对话中，我仿佛回到了百年前那个动荡、艰辛又激情燃烧的岁月——我看见了韩梓飏、张云责、李光汉，他们正在为毓文的生死存亡而奔走呼号；我看见了马骏、尚钺、楚图南，他们为宣扬革命理想而慷慨激昂；我也看见了赵尚志、陈翰章、纪儒林，他们为保家卫国而勇赴杀场……是什么让他们使命在肩？是什么使他们激情奔涌？又是什么令他们前赴后继，勇往直前？

  2022年，时值毓文中学建校105周年。每逢佳节倍思亲，一种无形的力量在感召我、一股莫名的冲动在催促我拿起笔，将我在毓文工作6年多来对毓文历史的所思、所想、所悟以文物为载体呈现出来，并作为校庆礼物送予先贤以示敬意。这是"回首向来萧瑟处，归去，也无风雨也无晴"的一位毓文"过客"的共情之举。因为我始终觉得，毓文能够传承至今，根本的原因就在于它厚重的文化基因、浓烈的家国情怀和始终善于独立思考的精神特质。这种精神特质的物质呈现，就是这500多件馆藏文物。它们与毓文息息相关、相通相连，它们与毓文早已融为一体，正如庄子所言：万物与我为一，亦如释广闻所想：天地与我同根，万物与我一体。我有时也会思考：人之于物，关系几何？到底是人成全了物，还是物成全了人？所谓江畔何年初见月，江月何时初照人？但不论怎样，它们因毓文而缘起，毓文因它们而隆兴。我是个爱物之人，因为物最忠实于历史、忠实于文化、忠实于情感。就像我在研究毓文遗存文物过程中发现的毓文"小秘密"一样，所有人都说毓文为"私立"，但馆藏的文物证明毓文的校舍为公出，毓文每月固定的经费也是官给。因此，毓文非"私"，而是东北最早的"民办公助"。所以，读懂了毓文这500多件遗存文物，也就读懂了毓文的历史，读懂了毓文的特色，读懂了毓文人的情怀。若将它们结集成册，古为今用，学以物佐，更是功莫大焉！

　　本书的名字，灵感源于英国著名收藏家莫士辉的《御制》。莫士辉即"水松石山房"的主人，是世界著名的中国文化学者、收藏家，所藏甚广，包括鼻烟壶、文房杂项、宗教艺术、瓷器、家具等。1976年，他编写了一本很重要的著作《御制》，全书分为上下两册，上册为专题论述，下册为所收录的87件宫廷器物的资料，其中大部分为珐琅彩器物。书中著录的多件藏品于今更创下了很多拍卖纪录，如著名的"清乾隆珐琅彩锦鸡图双耳瓶""清乾隆料胎画珐琅西洋母子图笔筒"等。莫士辉因收录皇家制品成书《御制》，我赋此书名为《毓藏》，寓意这500多件遗存文物之于毓文广大师生而言胜似皇室珍稀。

　　在成书过程中，本书得到了多位同人的帮助与支持。史正中、邵强、孙波、关乐等人不辞辛劳，几次组织相关人员对这500多件文物进行拍照、量尺；吉林市博物馆金熙茗先生协助我们为这些文物定名；北华大学历史学院林红玲老师为本书的写作提供了诸多建议；美术学院杜轶姝老师精心为本书设计封面；毓文中学曲冠勋老师在文字图片校对等方面献计出力。特别是在本书出版过程中,得到中国人民大学丁凯教授、郭晓明编审和王雪颖老师的悉心指导,在此一并表示感谢!严格说来,这本所谓的"专著"还略显粗浅,在叙述、考辨、论证等方面还存在很多不足,特别是与毓文这本博大、厚重的"巨制"相比,我实在是才疏学浅,若微尘一粒,但我坚信:微光成炬,我愿意做毓文百年文化传承的一束微光!

谨以为记。

姜国富

壬寅孟秋